Botul | Das sexuelle Leben des Immanuel Kant

Immanuel Kant gilt als Prototyp des knochentrockenen Philosophen, dessen mönchische Lebensweise schon seine Zeitgenossen erheiterte.
Nichtsdestoweniger – Mitte unseres Jahrhunderts emigriert eine Gemeinde glühender Kant-Anhänger aus Königsberg nach Paraguay, um dort ungestört als wahre Kantianer zu leben. Nur – das strenge Kopieren der keuschen, schrulligen Lebensweise des Meisters gefährdet den biologischen Fortbestand der Kolonie; es droht das natürliche Ende von Neu-Königsberg. Abhilfe verschafft der Kant-Kenner Jean-Baptiste Botul (1896–1945), der die bislang verborgen gebliebenen erotischen und libidinösen Züge im Werk Immanual Kants offen legt.
Diese Darlegungen über Sittlichkeit und Sinnlichkeit, Erhabenheit und Sexualität fördern einige exemplarische Merkwürdigkeiten über das Verhältnis von Philosophie und Praxis zutage.

Der Herausgeber Dieter Redlich, geboren 1944, lehrt am Westfalenkolleg Dortmund. Letzte Veröffentlichung: *Die Idee der Gleichheit aus dem Geist der Aristokratie*, Bern 1999.

Jean-Baptiste Botul

Das sexuelle Leben des Immanuel Kant

Herausgegeben und übersetzt von
Dieter Redlich und Angelika Rüther

RECLAM
LEIPZIG

Originaltitel: La vie sexuelle d'Emmanuel Kant
Originalverlag: Librairie Arthème Fayard, Paris

Besuchen Sie uns im Internet:
www.reclam.de

Reclam Bibliothek Leipzig, Band 20017
1. Auflage, 2001
Reihen- und Umschlaggestaltung:
Gabriele Burde | Kurt Blank-Markard
unter Verwendung eines Stichs von Meno Haas, 1799
Gesetzt aus ITC Slimbach
Satz: Reclam Verlag Leipzig
Druck und Bindung: Reclam, Ditzingen
Printed in Germany
ISBN 3-379-20017-4

Inhaltsverzeichnis

Einführung

Der Text, den wir hier dem französischen Publikum zum ersten Mal übergeben, ist Teil des späten, gereiften Werkes von Jean-Baptiste Botul aus jener Schaffenszeit nach 1937, von der man letzten Endes recht wenig weiß.

Es handelt sich dabei um einen Zyklus von fünf öffentlichen Vorträgen, die er in Paraguay im Mai 1946 hielt, wahrscheinlich vom 10. bis zum 15. Mai, ein Jahr vor seinem Tode. Die Umstände dieses Berichts können nur als außergewöhnlich bezeichnet werden, denn seine Zuhörerschaft bestand ausschließlich aus deutschen Emigranten, die eine Kolonie mit dem Namen Neu-Königsberg gegründet hatten. Es handelte sich um Bewunderer Kants, die ihr Leben nach dem Vorbild des Philosophen aus Königsberg führten. Die Mehrheit von ihnen kam aus jener Stadt, die sie unter Feuer und Eisenhagel im Mai 1945 verlassen hatten, als die Rote Armee die Hauptstadt des ehemaligen Ostpreußen gerade eroberte, um aus ihr später Kaliningrad zu machen. Nach einer sowohl unglaublichen als auch tragischen Irrfahrt – man kann nur bedauern, dass diese bei keinem Historiker Beachtung gefunden hat – fanden etwa einhundert dieser geflüchteten Familien Asyl in Paraguay und gründeten anderthalb Jahrhunderte nach Kants Tod die Kolonie. Nach Aussagen der seltenen Besucher Neu-Königsbergs kleideten sich diese Deutschen wie Kant, aßen, schliefen wie er und unternahmen jeden Nachmittag den gleichen legendären Spaziergang in einer rekonstruierten Umgebung, welche ihnen auf eine perfekte Weise die Illusion gab, auf den Straßen des alten Königsbergs zu wandeln. Es ist als wahrscheinlich anzunehmen, dass Botul anlässlich seines Aufenthalts in Argentinien von jener transzendentalen[1] Gemeinschaft hörte. Man weiß nicht, wie die Botul'schen Enthüllungen, das sexuelle Leben Kants betreffend, von den wissbegierigen Emigranten aufgenommen wurden, die man zuweilen »Kants Unbestechliche« nannte.

Konnte Botul seine Vortragsreihe zu einem befriedigenden Ergebnis bringen? Das Thema war für Neu-Königsberg absolut lebenswichtig. Um es ganz einfach zu sagen: Hätte Kant in vollkommener Keuschheit gelebt, dann wäre jede neu-kantische Gemeinschaft, die sich diese Abstinenz zur Maxime gemacht hätte, dem Untergang durch natürliches Erlöschen geweiht. Hätte der Referent andererseits ein Sexualleben Kants aufgedeckt, hätte er damit die verklärte Legende des großen Meisters angegriffen und sich des Vorwurfs des Revisionismus ausgesetzt. Botul hat sich mutig diesem Dilemma, nämlich unausweichlich Kant eine Schmach antun zu müssen, gestellt. Botuls Unternehmen betraf nicht nur die Sorgen seiner damaligen Zuhörer, sondern löste darüber hinaus eine heftige innere Besorgnis in ganz Frankreich und insbesondere an der Sorbonne aus. Das hat durchaus einen Grund: Die wenigen Akademiker, die diesen Text in ihren Händen hielten, verbargen weder ihre Überraschung noch ihre Missbilligung. Victor Delbos, Professor an der Sorbonne, anerkannter Kant-Spezialist, entschied sich zu einem vollständigen Bruch mit seinem ehemaligen Schüler; er tat dies in einem Brief, in dem er ihn beschuldigte, »die Reputation eines der größten Genies der Menschheit beschmutzt« zu haben.

Es trifft zu, dass zu jener Zeit der Neu-Kantianismus sehr verbreitet war und besonders an der Sorbonne dominierte. Weder der Marxismus noch der Existentialismus, weder Heidegger noch die Psychoanalyse hatten eine Aufenthaltserlaubnis in der philosophischen Fakultät. Kant lieferte ein ideales Denkgebäude, in dem alle möglichen Nuancen eines republikanischen und unakademischen Rationalismus beisammen sein konnten. »Ich habe einen Denkriesen berührt, der in seinem Sturz mich mit seinem Gewicht erschlug«, beklagte sich Botul bei seiner Freundin Fernande B. in einem Brief, in dem er – um sie von der Bedeutung seiner Forschungsarbeit zu überzeugen – auch schrieb: »Was mich betrifft, so halte ich die Frage nach dem Sexualleben Kants für eine der bedeutendsten der abendländischen Metaphysik.«[2] Derselben Frau, mit der er korrespondierte, vertraute er einige Jahre später an, dass »die Sexualität Kants der Königsweg ist, der geradewegs zur Kenntnis des Kantismus führt«, und dass es ihm dieser Zugang ermöglicht habe, die *Kritik der reinen Vernunft* als »Drama und Autobiographie« zu lesen. Es ist bedauerlich, dass die Universität von dieser neuen Lesart, die unsere tradierte Vorstellung vom Kantismus erschüttert, kein großes Aufhebens gemacht hat, wodurch Botul mit Geringschätzung zum Schweigen gebracht wurde. Es ist die Zeit gekommen, heute dieses Schweigen zu brechen. Das ist aber bereits schon wieder eine andere Geschichte: Die Aufklärung über die Verdunklung des Botulismus in der zeitgenössischen Philosophie.[3]

Es wird nun Zeit, dem Leser diesen Unordnung stiftenden Text zu präsentieren. In ihm werden Botuls analytische Fähigkeiten und sein theoretischer Wagemut in ihrer Genialität hervorbrechen. Die alten Griechen waren der Überzeugung, dass die größten Persönlichkeiten als Sterne, die bis in alle Ewigkeiten strahlen, somit Unsterblichkeit erlangen. Dank Botul verhält es sich ebenso mit dem Philosophen aus Königsberg mit der Einschränkung, dass man sich das Kant'sche Gestirn nach der Lektüre dieses *Sexuallebens* nicht in der Gestalt einer Sonne, sondern eines beängstigenden Schwarzen Lochs vorstellen wird.

Frédéric Pagès

Zu dieser Ausgabe und Übersetzung

Diese Vorträge sind in der Sprache der Einwohner Neu-Königsbergs niedergeschrieben und gehalten worden, das heißt: auf Deutsch. Der Text ist daraufhin ins Spanische übersetzt worden, dann ins Englische, aber all diese Varianten sind bis auf den heutigen Tag nicht aufgefunden worden. In Wahrheit muss man von zwei Urtexten ausgehen. Der erste, der sogenannte »argentinische« oder der »Ur-Botul«, wurde wahrscheinlich in Buenos Aires abgefasst, bevor der Vortrag in Neu-Königsberg gehalten wurde. Die zweite, sogenannte »paraguayische« Fassung ist der Text, der tatsächlich vorgetragen und von der Gattin des Dr. Borowski ins Handschriftliche übertragen wurde. Zwischen beiden Fassungen bestehen deutliche Unterschiede. Wir haben uns dafür entschieden, die »argentinische« Fassung vorzulegen und in ihr Passagen hervorzuheben, die absichtlich vom Redner ausgelassen wurden. Wenn einzelne Wörter fehlen oder gar ganze Sätze, wird dies für diesen Abschnitt mit dem Auslassungszeichen [...] angezeigt. Wir haben einige umgangssprachliche Redewendungen beibehalten, um dem lebendigen Charakter des mündlichen Vortrags besser gerecht zu werden.

Danksagung

Wir sprechen der *Vereinigung der Freunde von Jean-Baptiste Botul* unseren ganz besonderen Dank aus für die Erlaubnis, großzügig das Archiv des Philosophen benutzen zu können.

Das sexuelle Leben Immanuel Kants

Wer der Menschheit versprechen könnte,
sie von den geschlechtlichen Heimsuchungen
zu befreien, würde als Held gefeiert.

Freud: *Brief an Ernest Jones*

ERSTER VORTRAG

Königsberg lieben

Meine Damen und Herren,
Als Dr. Borowski mir die Ehre erwies, mich in Ihre Gemeinde einzuladen, habe ich zugegebenermaßen lange gezögert. Ich bin kein Kant-Spezialist. Dieses gewaltige Werk schüchtert mich ein, es ist ein Dschungel, in den einzudringen man zaudert. Einige haben sich hineingewagt, die man dann nie wieder gesehen hat *(Lachen im Saal)*. Meine Vorbehalte gegenüber einer Zusage, über das sexuelle Leben Immanuel Kants zu reden, wurden immer intensiver, da mir bewusst wurde, in gewisser Weise ein Sakrileg zu begehen. Was für eine Ungehörigkeit! Das intime Leben eines Philosophen! Wer derartige biographischen Fragen aufwirft, genießt einen schlechten Ruf, und das ist auch richtig so, da es eine einfältige Weise ist, das Werk eines Denkers mit seinem Leben erklären zu wollen. Dergleichen zu unternehmen, ist aber nicht mein Ziel. Ist das Leben eines Philosophen nicht doch von – wenn auch sehr geringfügigem – Interesse für die Philosophie? Meine Professoren an der Sorbonne würden im Chor mit einer Stimme rufen: »Nein!« Sehen Sie, wie sie mich ausgebildet haben! Im Verlauf meiner Vorbereitungen auf dieses Thema hörte ich in der Tiefe meines Gewissens eine Stimme, die mir in einem vorwurfsvollen Ton zurief: »Wie kannst du es wagen, über das sexuelle Leben Kants zu reden, wie kannst du auf dieses Thema so viel Mühe verwenden?«

Dennoch, getrieben von einer obskuren Kraft, nahm ich Ihre Einladung an und machte mich daran, alle Arbeiten – von denen es übrigens nicht wenige gibt – über das Leben des Weisen von Königsberg zu lesen. Ich kam zu einer überraschenden Schlussfolgerung, die ich vor Ihnen ausbreiten möchte. Aber vorab möchte ich klarstellen, dass, so schockierend und schwierig meine Schlüsse sein dürften, so vermindern sie doch auf keine Weise den Respekt – ja, ich wage zu sagen –, die Verehrung, die ich für Immanuel Kant hege, der für mich das unerreichte Muster eines Philosophen bleibt. Weit entfernt davon, hier eine rein anekdotische oder unanständige Thematik zu behandeln, ist es doch die Sexualität Kants, die den Königsweg bildet, die uns auf den Weg führt, den Kantismus zu verstehen. Kommen wir also zum Kern des Themas, denn wie der Dichter sagt: »Der Abend dämmert und der große weiße Jaguar gleitet in unsere Träume.«[4]

Für Viele ist das Bild von Kant das des »ruhigen Vaters«[5] der Philosophie. Man kennt die Exaktheit seines Zeitplans und die alltäglichen Gewohnheiten seiner sesshaften Lebensweise. Er entfernte sich kaum von seinem schönen Königsberg, was an sich unglaublich ist in einer Epoche, in der alle großen Philosophen Reisende waren und Neugier auf ihren Kontinent empfanden – man denke an Voltaire, Rousseau, Diderot, Hume. Kant aber blieb in Königsberg. Er wurde dort geboren, er starb dort, er arbeitete dort. Die bedeutendsten Universitäten der Epoche – Halle, Jena, Erlangen, Mittau* – boten ihm einen Lehrstuhl an. Kant lehnte immer ab. Er hatte seine Gewohnheiten. Jeden Morgen um fünf Minuten vor fünf wurde er von seinem Diener Lampe geweckt, um Punkt fünf Uhr setzte er sich an den Tisch, trank eine oder zwei Tassen Tee, rauchte eine Pfeife und bereitete seine Vorlesungen vor, die er während des Vormittags bis zwölf Uhr und fünfundvierzig Minuten hielt. Dann nahm er ein Glas ungarischen Weines zu sich und begab sich um dreizehn Uhr zu Tisch. Nach dem Mittagessen machte er einen Spaziergang zur Festung von Friedrichsburg, wobei er immer denselben Weg nahm, der von den Anwohnern »Philosophenweg« getauft wurde. Man wusste immer, wie spät es war, auch ohne zum Kirchturm

* Kein Universitätsort. [Alle Anm. der Hg. und Übers. werden mit Sternchen gekennzeichnet.]

blicken zu müssen: Der Philosoph kam vorbei ... Um sechs Uhr, nachdem er die Zeitungen gelesen hatte, begab er sich in seine Studierstube, in der er für eine konstante Zimmertemperatur von fünfzehn Grad Sorge trug, um seine Arbeit wieder aufzunehmen; er setzte sich so hin, dass er die Türme des alten Schlosses im Blick hatte. Seine denkerische Tätigkeit wurde gestört, wenn der Baumwuchs ihn daran hinderte, diesen Ausblick zu genießen. Um zehn Uhr, eine Viertelstunde nachdem er aufgehört hatte zu denken, begab er sich zur Ruhe. In seinem Schlafzimmer blieben die Fenster das ganze Jahr über geschlossen. Er entkleidete sich und legte sich nach einer Abfolge ganz bestimmter Handlungen, die es ihm erlaubten, während der gesamten Nacht vollständig bedeckt zu bleiben, in sein Bett. Wenn der Harndrang ihn zwang aufzustehen, erreichte er mittels einer Schnur, die er zwischen seinem Bett und dem Ort der Erleichterung gespannt hatte, eben diesen, ohne die Gefahr, in der Dunkelheit zu stolpern.

Im Zeitalter der Aufklärung, als Europa gärte und die Französische Revolution ausbrach, die Kant begrüßte, blieb er dieser Stadt an den Ufern der baltischen See verhaftet: dem preußischen Königsberg! Er hielt sich nie in Italien auf, ganz entgegen der deutschen Tradition der »Großen Reise« (Kavaliertour), wie sie im 18. Jahrhundert von Winckelmann, Zeitgenosse von Kant und Preuße wie er, und ganz zu schweigen von dem großen Goethe, eine Generation später berühmt gemacht wurde.

Kant machte nur die »kleine Reise« zwischen seinem Haus und dem Glockenturm. Dieses Leben, in dem es nichts Herausragendes, kein Drama gab und das so offensichtlich ganz ohne Krise verlief, hat etwas mit dem intimsten Teil des Menschen Kant zu tun. Er war nie verliebt, er blieb während seines ganzen Lebens unverheiratet, er besaß weder eine Mätresse noch eine Gemahlin. Er gehört wie Newton und Robespierre zu der Reihe großer Männer, die wie Marmor waren angesichts weiblichen Fleisches. Unantastbar! Geschlechtslose Männer ...

Es gab keine Frau in Kants Haushalt, noch nicht einmal eine Hausgehilfin. Es gab nur einen Diener, den treuen Lampe, den er, so sagt man, entließ, als er von dessen Heirat erfuhr ... Einsam wie ein abgeschiedenes Elektron besuchte Kant auch nie seine zahlreiche Sippe (von den neun Kindern des Sattlermeisters Johann-Georg Kant* und seiner Frau Anna-Regina erreichten fünf das Erwachsenenalter). Nicht einmal seinen Bruder Johann-Heinrich, der Pfarrer wurde und der ihm warmherzige Briefe schrieb, besuchte er.

Wollen wir es offen heraus sagen: Kant eignet sich nicht für Biographen oder Liebhaber von Abenteuern. Im Unterschied zu Pythagoras, von dem die Legende behauptet, er habe ganze zwanzig Leben gelebt, scheint Kant kaum ein einziges gelebt zu haben.

Dennoch teile ich nicht die Ansicht jener, die in seiner monotonen Existenz eine Beschränktheit des Philosophen sehen. Ich möchte Ihnen zeigen, dass es in dieser selbst gewählten und selbst kultivierten Banalität etwas gibt, das der Philosophie Kants und der Philosophie im allgemeinen konsubstantiell, ihr wesensgleich, ist. Ich beabsichtige, Ihnen zu erklären, warum dieses Zölibat, weit davon entfernt, nur eine kontingente, also zufällige, Angelegenheit zu sein, zum Wesen der Philosophie selbst gehört.

Diese These mag heute schockieren. Dennoch, man kann niemals genug die Weisheit unseres Philosophen loben, der um nichts in der Welt sein Leben mit einer Frau teilen wollte. Man mag das Kantische System für anfechtbar halten, man mag sich über die Person lustig machen, aber es gibt einen Punkt, der nur allgemeine Bewunderung für Kant hervorrufen kann: seine Ehelosigkeit. All seine Thesen können be-

* Immanuel Kant wurde als viertes Kind von ursprünglich elf seines Vaters Johann Georg Kant und seiner Mutter Anna Regina geboren (vgl. die Schreibweise, auch seines Bruders Johann Heinrich); Kants Vater war Riemermeister; das Riemer- und Sattlergewerbe stritt zur damaligen Zeit um die Gerechtsame zwischen den beiden Gewerben.

stritten werden – bis auf eine: Der Philosoph, würdig eines solchen Namens, nimmt sich keine Frau.

Was nun das sexuelle Leben betrifft, so bitte ich Sie, sich jeglichen Vorurteils zu enthalten, über ein solches Leben nicht voreilig ein Urteil zu fällen und sich darüber hinaus im Rahmen des Möglichen überhaupt kein Urteil zu bilden. Ich bitte Sie, sich die Einstellung zu eigen zu machen, welche Spinoza in seinem *Politischen Traktat** empfiehlt: »Nicht weinen, nicht lachen, sondern begreifen.«

Kant hat kein Einsiedlerleben geführt, abseits seiner Stadt und seiner Zeit. Hüten wir uns davor, in ihm einen Feind des mondänen Lebens zu sehen, der sich in einen Elfenbeinturm zurückzieht. Ich habe den Verdacht, dass die Biographen sein Leben etwas »geglättet«, seine Person lackiert haben, um an ihr die Unebenheiten und Flecken auszuradieren, um für die Geschichte einen alternden und schrulligen Kant zu fixieren. Aber dieser Mann hat bereits ein Leben geführt, bevor er berühmt wurde, das heißt, bevor er sechzig Jahre alt war! Als er noch nichts anderes war als ein »Magister«, suchte er häufig die Gastwirtschaften auf, spielte Billard, oft genug bis spät in die Nacht hinein. Als er ordentlicher Professor wurde, sich ein Haus kaufen und einen Hausangestellten bezahlen konnte, erfreute sich Kant daran, anlässlich der Mittagsmahlzeiten, die sich bis spät in den Nachmittag hineinzogen, Gäste zu empfangen. Kant verließ gerne sein Haus und liebte es, sich von der besseren Gesellschaft Königsbergs einladen zu lassen, die ihrerseits diesen »liebenswerten Gefährten« schätzte – wie es ein zeitgenössischer Zeuge zum Ausdruck brachte: »Er ist der lebhafteste und unterhaltsamste alte Mann und im ehrenwertesten Sinne ein wahrer Lebemann. Er kann die schwersten Gerichte ebenso gut verdauen wie das Publikum die Philosophie schlecht verdauen kann, die er ihm zu lesen gibt.«[6] Bei den Abendessen des Grafen und der Reichsgräfin Keyserling,

* *Tractatus theologico-politicus*, Amsterdam 1670 (anonym).

in deren Haus er in jungen Jahren Privatlehrer war, besaß Kant das Recht, den Ehrenplatz einzunehmen. Denn es war Kant, der, wie ein Zeuge bemerkte, fast immer »den Verlauf der Konversation beeinflusste«. Kant konnte über alle Themen sprechen. So wurde er auch zu allen möglichen Dingen befragt. Im Jahre 1774 schrieb ein gelehrter Physiker an Kant, um seinen Rat zu erbitten. Er war von den städtischen Behörden beauftragt worden, den ersten Blitzableiter in Königsberg am Glockenturm der Haberberger-Kirche anzubringen. Kant, ein Ratgeber für Angelegenheiten, die wie die Liebe den Menschen aus heiterem Himmel treffen ...!

Wenig wird über einen einfachen Grund gesprochen, der erklärt, weshalb Kant auf keinen Fall Königsberg verlassen wollte. Er führte dort gewissermaßen ein Geschäft. Man stellt sich unseren Philosophen oft als besoldeten Hochschullehrer vor, geschützt vor pekuniärer Not, fast wie ein Beamter. Das ist aber ein schwerer Fehler in der Betrachtung, ein krasser Anachronismus!

Kant empfing als Hilfsbibliothekar ein geringes Salär vom königlichen Hof. Später, als Professor, musste er auf eigene Rechnung arbeiten. Es gab viele Zwänge, denen er sich zunächst unterwerfen musste, um die Voraussetzung für sein unabhängiges Arbeiten zu schaffen. Der größte Teil seiner Einkünfte wurde von den Honoraren bestritten, die ihm seine Schüler zahlten. Keine Kunden, kein Geld! Kant befand sich in der Abhängigkeit des mittelalterlichen Systems, in dem die Universitätsangehörigen von ihrem Publikum bezahlt wurden. Diesen Zustand kann man nicht mit dem unserer modernen Universität vergleichen, auch nicht mit dem der Universität von Berlin, die über Jahre hinweg sowohl Karriere als auch soziale Sicherheit des Herrn Professor Hegel garantierte.* Kant betrieb sein philosophisches Geschäft freiberuf-

* Im Text wird nur »1830« genannt; gemeint ist wohl »1818–1831«; 1830 wurde Hegel Rektor.

lich wie ein Arzt oder ein Rechtsanwalt. Um Kunden empfangen zu können, benötigte er einen Raum. Deswegen besaß er immer ein eigenes Haus, um ein Auditorium unterbringen zu können. Dies lag ebenerdig und war das wichtigste Zimmer, zugleich das Zentrum von Kants Leben. Dieser Raum war ihm ein Arbeitsmittel und konnte im übrigen auch angemietet werden.

Man belächelt manchmal die Klagen unseres Philosophen wegen des Lärms der Nachbarn, die er besonders dann erhob, wenn jene zu singen anfingen; es waren vor allem die Gefangenen, deren Singsang, der durch die Fenster ihrer Zellen ins Freie gelangte, nicht immer schicklich war. Kant schrieb an die Gemeindebehörde, dass man doch bitte diesem Zustand ein Ende setze ... Gefangene, die singen ...!

Kant arbeitete zu Hause. Er brauchte Ruhe, nicht Lärm, um seine Lehrveranstaltungen vorbereiten und auch in seinem Haus abhalten zu können. Sein Haus war ein kleines Unternehmen, das aus zwei Arbeitskräften bestand: Er selbst und sein Diener Lampe. Seine Kundschaft bestand aus jungen Studierenden und reifen Erwachsenen. Sein Bildungsangebot bestand aus allen möglichen Fächern: Geographie, Poesie, Artillerie, Astronomie. Man vergisst allzu oft, dass er eben nicht hauptsächlich Philosophie unterrichtete. Aus ihm den ersten Philosophieprofessor zu machen, ist absurd! Kant ist nicht der erste moderne Professor, er ist der letzte Professor des alten Systems. Seine Philosophiebücher schrieb er vor oder nach seiner eigentlichen Arbeit, sie waren seine Leidenschaft oder vielmehr: sein Therapeutikum. Von den Respektabilitäten der Universität wurde er lange Zeit lediglich als ein Amateurphilosoph angesehen. Als sich dann sein Ruhm – übrigens recht allmählich – einstellte, hinderte ihn dies nicht daran, weiterhin das wandelnde Konversationslexikon zu spielen. Bis ins hohe Alter von fünfundsiebzig Jahren, das heißt, bis er an die Grenzen seiner Kraft stieß, hielt er Vorlesungen. Er bekam keine Altersrente.

Was für eine Schinderei! Das Leben war nicht leicht. Einige

Studenten zahlten einfach nicht, andere, von Freunden empfohlen, waren mittellos und mussten ohne ein Entgelt unterrichtet werden.

Kant war in der Situation eines Bauern, der das ganze Jahr über an seinen Acker gebunden ist. Er konnte keinen Urlaub nehmen. Als bescheidener Sohn eines Handwerkers, Spross einer vielköpfigen Familie, bedeutete die Lebensweise eines Intellektuellen schon einen gewaltigen Erfolg! Und dann will man ihn sich in Paris und Venedig herumtreiben sehen! Auch noch, dass er sich verheirate! Dass er womöglich seine Veranstaltungen vervielfache, um die Kinder zu ernähren, die dann lärmend in den Korridoren herumgesprungen wären, während in dem Vorlesungsraum Kant versuchte, sich mit seiner schwachen, kaum hörbaren, Stimme um seine russischen und preußischen Kunden zu kümmern!

Kant kam nie weiter als bis Pillau, das auf dem Seeweg von Königsberg aus ungefähr vierzig Kilometer entfernt liegt. Bei dieser einen Reise wurde er seekrank. Er fuhr nie nach Riga, ein intellektuelles Zentrum, wo sein Verleger Hartknoch weniger als vierhundert Kilometer von Königsberg entfernt lebte. Wäre er am 13. September 1773 dort gewesen, hätte er Diderot kennen lernen können, der auf seinem Weg nach Sankt Petersburg Halt machte. Hundemüde nach mehreren Tagen Postkutschenfahrt warf sich Diderot Erholung suchend – nicht als verdienter Krieger, sondern als Reisender – in die Arme eines zwielichtigen Frauenzimmers. Diese Frau inspirierte ihn zu einem freizügigen Gedicht, dem er den Titel gab »Die Dienerin der Herberge ›Zum Bocksfuß‹«:

Sie ist schön, sehr schön
Ganz Riga ist verrückt nach ihr
Die Dienerin des Bocksfußes
Für eine Obole lüftete ich eines Tages ihr Halstuch
Für eine Testone... Für diese Testone*

* Silbermünze zur Zeit Ludwigs XII.

Also, was tatet Ihr da? Da griff ich ihre Brust
Für einen Taler ... Für Euren Taler
Und danach, was tatet Ihr dann? Dann sah ich ihr Gesäß
Was tatet Ihr dann für zwei Taler?
Ich packte die Backe und peitschte sie
Und für meine drei Taler, zwei Testonen und eine Obole
Hatte ich eine Brust, einen Hintern, eine Backe und die Syphillis
Alles in nur einem Moment, merken Sie auf
Denn ihr Meister, ein sehr galanter Herr
Musste die zehnfache Summe dafür ausgeben
Und außerdem sechs Monate lang schmachten, um nur diese zu kriegen.[7]

Diderot fand also keine Gelegenheit, Kant dieses Gedicht vorzutragen. Immerhin ist dieser Franzose im Jahre 1773 durch Königsberg gekommen. Er hat aber nicht darum nachgesucht, Kant zu treffen, der zu jener Zeit in Frankreich noch unbekannt war. Sehr schade. Man könnte sich eine Mahlzeit dieser beiden Herren gut vorstellen, ein Mittagsmahl etwa in der Art wie Kant es zelebrierte. Diderot hätte dann kaum die Gelegenheit gehabt, Damen kennen zu lernen, und darüber wäre er sehr erstaunt gewesen. Ein Salon ohne Philosophie – dies wurde von Kant während der Mahlzeit verboten – aber ohne Frauen? Dieser Preuße ist schon sehr erstaunlich.

ZWEITER VORTRAG

Marie-Charlotte

Kants Sexualität machte auch seine Zeitgenossen neugierig. An seinem Lebensabend erhielt er von einem seiner autorisierten Biographen, einem gewissen Jachmann, einen ausführlichen Fragebogen, der insbesondere die folgende Frage enthielt: »Hat nicht ein Frauenzimmer das Glück gehabt ausschließliche Liebe und Achtung auf sich zu ziehen?«* Kant wagte keine Antwort. Wir wissen, dass er ehelos geblieben ist, wir wissen aber nicht, ob er auch keusch geblieben ist. Wir sind sicher, dass Kant die Sinnlichkeit nicht fremd war, zumal er Nahrung zu schätzen wusste. Er war nicht unempfindlich, er hatte einen Mund und Lippen, die funktionstüchtig waren. Er schämte sich nicht seines Körpers. Sobald er über etwas Geld verfügte, kaufte er sich ein paar gut sitzende Kleidungsstücke, man könnte sogar sagen, sie waren elegant. Sicherlich besaß Kant keine verführerischen körperlichen Vorzüge. Er war einen Meter fünfzig groß, weswegen ihn seine Mutter »Manelchen« (Knirps) nannte, hatte einen großen Kopf und eine leicht hängende linke Schulter. Dennoch war er den Frauen nicht gleichgültig. Als Zeugnis hierfür mögen die zarten Worte dienen, die er 1762, im Alter von achtunddreißig Jahren, von einer gewissen Marie-Charlotte Jacobi erhielt:

»Wehrter Freund Wundern Sie sich nicht daß ich mich unterfange an Ihnen als einen großen Philosophen zu schreiben? Ich glaubte sie gestern in meinen garten zu finden, da aber meine Freundin mit mir alle alleen durchgeschlichen, und wir unseren Freund unter diesem Zirckel des Himmels nicht fanden, so beschäfftigte ich mich mit der Verfertigung

* Felix Groß (Hg.): *Immanuel Kant. Sein Leben in Darstellungen von Zeitgenossen*, Berlin 1912 (Nachdruck Darmstadt 1993, S. XIV).

eines Degen Bandes, dieses ist ihnen gewidmet. Ich Mache ansprüche auf Ihre Gesällschaft Morgen Nachmittag. Ja, Ja ich werde kommen, höre ich sie sagen, nun Gutt, wir erwarten sie, dann wird auch meine Uhr aufgezogen werden, verzeihen Sie mir diese erinnerung Meine Freundin und Ich überschicken Ihnen einen Kuß per Simpatie die Lufft wird doch woll im Kneiphoff dieselbe seyn, damit unser Kuß nicht die Simpatetische Krafft verlieret, Leben Sie Vergnügt und Wohl.«[8]

Diese forsche junge Frau spielt mit der Theorie von der »Sympathie«, die Entfernungen überwinden kann, und will sich außerdem auch mit dem Philosophen amüsieren. Wie weit will sie gehen? Die Einladung ist ziemlich direkt und riskant, denn sie wird von einer Frau ausgesprochen, die verheiratet ist: Marie-Charlotte Jacobi, geborene Schwink, Gattin eines Bankiers. Jemandem ein Degenband anzubieten, lässt recht lockere Gedanken aufkommen. Der Ausdruck »ihre Uhr aufziehen« ist nicht so leicht zu verstehen. Einige Kommentatoren fühlen sich an den Roman *Tristram Shandy* von Lawrence Sterne erinnert, der 1760 erschien und in ganz Europa gelesen wurde. In diesem Roman wird ein Pfarrer beschrieben, der jedes Mal die Standuhr aufzieht, nachdem er seinen ehelichen Pflichten nachgekommen ist. Andere meinen, man müsste den Bezug zu einer Bemerkung in der *Anthropologie* herstellen: »Die Frauen benutzen für gewöhnlich ihre Bücher so wie ihre Uhr: sie tragen sie, damit man sieht, dass sie eine haben, und es kommt nicht darauf an ob sie steht oder nicht richtig geht.«* Marie-Charlotte forderte ihn also auf, sich zu einer kulturvollen Unterhaltung einzufinden – ganz gesittet.

Ich für meinen Teil habe eine ganz andere Hypothese, welche auf den Strümpfen Kants basiert. Gegen Ende des 18. Jahr-

* »Was die gelehrten Frauen betrifft: so brauchen sie ihre Bücher etwa so wie ihre Uhr, nämlich sie zu tragen, damit gesehen werde, dass sie eine haben; ob sie zwar gemeiniglich still steht oder nicht nach der Sonne gestellt ist« (*Anthropologie* B 290; A 292).

hunderts, bevor noch die lange Hose die Kniehose ablöste, trugen die Herren von Stand Strümpfe. Um zu verhindern, dass sie hinunterrutschten, und um zu vermeiden, dass das Strumpfband oberhalb des Knies geriet und so wie ein Knebel wirkte, hatte Kant sich ein raffiniertes System ausgedacht, das es dem Blut erlaubte, frei zu zirkulieren. Das Band, das sich um seine Strümpfe zog, endete in einem Uhrgehäuse, das, an jedem Schenkel befestigt, mit einer Feder versehen war. Auf diese Weise konnte der Philosoph mit absoluter Genauigkeit die Spannkraft des Bandes regulieren und Druck auf die Arterien vermeiden. Man ersieht daran, welche Bedeutung Kant sowohl seiner Gesundheit wie seiner Kleidung beimaß. »Die Uhr gut aufziehen« könnte also in der Schreibweise jener Frau Jacobi, die über Kants schrullige Bekleidungsideen Bescheid wusste, bedeuten, dass er »sich in Schale schmeißen« würde und »wie aus dem Ei gepellt« aussähe, und das sogar hinsichtlich einer Körperregion, die im allgemeinen dem Blick verborgen ist. Eine sexuelle Einladung? Ich glaube schon.

Man weiß nicht, ob Kant dieser gewitzten Marie-Charlotte geantwortet hat. Man weiß aber, dass sechs Jahre darauf, im Jahre 1768, sie unseren Philosophen in einem weiteren Brief aus der Ruhe bringt, in dem sie ihn auffordert, sie in Berlin, wo sie sich langweilt, zu besuchen.[9] Kant jedenfalls nahm nicht die nächste Postkutsche, um sich mit ihr zu treffen. Hatte er ein solches Bedürfnis überhaupt? Wie dem auch sei, mit vierundvierzig Jahren klopfte das galante Abenteuer an Kants Tür. Aufgrund prinzipieller Erwägungen hat Kant nichts dagegen, man denke an seine Erklärungen in der *Anthropologie*: »Der Purism des Zynikers und die Fleischestötung des Anachoreten, ohne gesellschaftliches Wohlleben, sind verzerrte Gestalten der Tugend und für diese nicht einladend; sondern, von den Grazien verlassen, können sie auf Humanität nicht Anspruch machen.«* Man erkennt daran,

* *Anthropologie*, A 252.

was unseren Fall so schwierig macht: Wir haben es weder mit einem zynischen Misanthropen noch mit einem Einsiedler, noch mit einem Zenobiten zu tun.[10] Oft genug lehren die Moralisten Keuschheit mit Worten, in ihren Taten folgen sie dem Fleisch. Mit Kant verhält es sich genau umgekehrt: Er predigt die Vergnügungen, aber in der Praxis übt er Enthaltsamkeit, Zurückhaltung und Selbstbeherrschung. Was für ein außergewöhnlicher Mann!

[...]

Wir wissen, dass der junge Kant während neun langer Jahre bei reichen preußischen Familien (unter ihnen die Keyserlings) als Hauslehrer im Umland von Königsberg tätig war. Hat er dort persönlichen Vorteil aus der Promiskuität des zahlreichen Hauspersonals, dem er ja angehörte, gezogen, um eine Frau von ihrer fleischlich-sinnlichen Seite kennen zu lernen? Als er älter und auch wohlhabender war, hielt er es nicht für angebracht, eine Haushälterin, eine Dienerin, ein Zimmermädchen oder irgendeine andere Person des weiblichen Geschlechts einzustellen. Er stellte Lampe ein, vordem Soldat, ein Mensch für alle Dienste, ergeben und dumm.

Ein schönes Haus, gutes Benehmen ... Nichts zeugte von einem mittellosen Professor oder einem heruntergekommenen Gelehrten ... Ja, »der elegante Magister« Kant, wie ihn einige zu seinen Lebzeiten nannten, war keine schlechte Partie für das schöne Geschlecht. Schenkte man seinem Biographen Borowski Glauben, so gab es mindestens zweimal »würdige« junge Damen, die ihr Interesse an einer Heirat mit dem Philosophen bekundeten. Aber Kant soll abgelehnt haben. Oder, genauer gesagt, er soll seine Entscheidung auf später verschoben haben; er führte angesichts einer Eheschließung das sichere Manöver der »Prokrastination«[11] aus. Dennoch, ich wiederhole mich, er hat die Frauen nicht ignoriert.

Von diesem Gesichtspunkt aus betrachtet unterschied er sich deutlich von den jungen intellektuellen Romantikern, die nach ihm kamen, dieser Generation der frustrierten und ignoranten Jungen, behindert durch die Jahre, die sie eingeschlossen in Internaten verbrachten, unvorbereitet und völlig unvertraut mit diesem unbekannten Kontinent, den das andere Geschlecht darstellt. Kommen wir vorläufig zu dem Beschluss, dass sich Kant für die Frauen interessierte und die Frauen sich für Kant.

DRITTER VORTRAG

Bedarf der Philosoph einer Frau?

Kant, mondän, doch keusch, zurückgezogen und doch gesellig, Liebhaber des guten Lebens, aber dennoch kein Liebhaber des Fleisches. Was für Widersprüche! Wir befinden uns im dichtesten Nebel, ein Nebel, der die Gestade des Baltikums einen guten Teil des Jahres bedeckt. Und nun legt er sich über unsere Thematik. Doch ein äußerst schwerwiegender Einwand widerspricht der Hypothese von der Keuschheit. Gut unterrichtete Kantianer wie Sie muss ich nicht erst an das erste Prinzip der Morallehre Kants erinnern:

»Handle so, als ob die Maxime deiner Handlung durch deinen Willen zum allgemeinen Naturgesetze werden sollte.«

Wenden wir nun dieses Prinzip auf das sexuelle Leben an. Man ersieht dann sofort, dass die Keuschheit genauso wenig verteidigt werden kann und zudem widersprüchlich ist wie der Mord; denn, sollten sich alle Menschen nach ihr richten, würde dies das Ende der Gattung bedeuten.

Es ist unvorstellbar, dass ein so kluger Geist wie Kant sich zu seinen eigenen Prinzipien in Widerspruch setzen würde. Daraus folgt also, dass die Keuschheit nicht als allgemeines Naturgesetz der Gattung Mensch Geltung beanspruchen kann.

Der Einwand wird zusätzlich unterstützt, wenn ich ein anderes von Kant ausgesprochenes Prinzip erwäge: Gemäß dieses Prinzips »existiert ein jegliches Organ in Erfüllung eines Zwecks, den es auch ausüben muss«[12]. So auch die sexuellen Organe … So auch die des Philosophen … Andernfalls wäre unser Philosoph ein Monster, ausgestattet mit unzweckmäßigen Attributen. Keinen Gebrauch von den *genitalia* zu machen, hieße fundamentalen Naturgesetzen zu widersprechen.

Können Sie mir folgen? Verstehen Sie, dass das sexuelle Leben oder vielmehr das sexuelle Nicht-Leben Kants nicht nur irgendeine Geschichte oder Information darstellt oder gar nur von anekdotischer Bedeutung ist, sondern auf das Problem der Kohärenz, des glaubwürdigen Zusammenhangs, des Kantischen Systems verweist?

Wir sind im Dschungel und es wird Nacht. Wir werden von einer Nacht bedroht, die kein Ende haben wird, falls es uns nicht gelingt, für Licht zu sorgen und unsere Gesänge die Morgenröte nicht herbeirufen können.

Um dieser Finsternis zu entkommen, werde ich Tabula rasa machen, so, als hätten Sie nie ein Buch von Immanuel geöffnet. Ich weiß sehr wohl, dass dies nicht der Fall ist, sonst wären Sie nicht hier, so weit entfernt von Königsberg, nach so vielen Gefahren und tödlichen Fallen, aufgebrochen zu diesem großartigen Abenteuer. Dennoch, von Zeit zu Zeit muss man es verstehen, zum Nullpunkt zurückzukehren *(zustimmendes Gemurmel im Saal)*.

Kehren wir also zu den Fundamenten des Kantismus zurück.

Kant hat die Morallehre revolutioniert. Vor ihm bestand die fundamentale ethische Fragestellung darin, das Gute zu definieren. Die antiken Philosophen haben versucht, eine Hierarchie zwischen den Dingen herzustellen, um das höchste Gut, das alles beherrschende Gut, dieses *summum bonum,* wie man es lateinisch ausdrückte, zu entdecken, das je nach Autor »Lust«, »Wahrheit« oder »Tugend« genannt wurde. Es sind Werte, die jenseits des Menschen angesiedelt sind, die ihn überschreiten, die er selber nicht geschaffen hat.

An diesem Punkt greift Kant ein, indem er das Verhältnis auf den Kopf stellt.[13]

Für ihn befindet sich das Kriterium der Moralität nicht in dem, *was* wir tun, sondern in dem, *wie* wir es tun. Es zählt nicht das Resultat der Handlung, denn dann könnte der schlimmste Verbrecher, der die frommen Werke seiner Gemeinde mit geraubtem Geld unterstützt, sicher sein, geradewegs ins Paradies zu gelangen. Nein, was die Moralität einer Handlung ausmacht, ist die Reinheit der Absicht und die Redlichkeit des Willens. Zugegebenermaßen handelt es sich dabei um Einstellungen, die von außen schwer zu beurteilen sind. Trotzdem: Es ist das einzige Kriterium, das sicherstellt, dass wir keiner Lebenshilfe-Moral folgen, wie man sie in Illustrierten findet; das heißt, keinem Sammelsurium von Ratschlägen auf Sammelkarten, die uns Rezepte andienen, mit denen man dann glücklich werden kann. Denn für Kant lautet die Frage nicht: »Wie kann ich glücklich werden?«, sondern: »Was können wir tun, um des Glückes würdig zu sein?«

Bei der ersteren Frage geht es um die Differenz zwischen unserer Befindlichkeit und der höchsten Glückseligkeit. Klugheit lehrt uns, diese Differenz zu verringern, und zwar so, als erklimme man einen Berg, um sich dem Gipfel zu nähern. In der Fragestellung, die Kant aufwirft, geht es um den Unterschied, der zwischen dem eigenen Selbst und der Vorstellung, die man von seinem Selbst hat, besteht. Es ist eine Frage der *Würde.* Man legt sich selbst sein Gesetz des Handelns auf – das eigene Gesetz fällt nicht vom Himmel. Der kantische Mensch ist sein eigener Gewissens-Lenker; er braucht weder einen Beichtvater noch einen Guru. Sie werden sich erinnern, dass Kant Rousseau bewunderte. Für Rousseau ist das Gewissen die Quelle der Moral, »ein göttlicher Instinkt, eine unsterbliche und himmlische Stimme«. Diese Auffassung wird auch von Kant geteilt. Hören wir auf unser Gewissen! Es ist die Stimme der Pflicht.

Wie soll man ihr gehorchen? Das tägliche Leben verlangt, schlaue Lösungen zu finden, wie z. B. für die schreckliche Pflicht, jeden Morgen aufzustehen und sich an die Arbeit machen zu müssen ... Die Lösung heißt Lampe. So geschah es denn jeden Morgen um fünf Uhr, dass die kräftige Stimme seines Dieners in seinem Zimmer mit den Worten »Es ist Zeit!« ertönte. So vernahm Kant von außen die Stimme der Pflicht und dazu noch in einem militärischen Tonfall (Lampe diente während des Siebenjährigen Krieges). Man kann also leicht ersehen, wie Kant sich getreu dem verhielt, was er in der *Kritik der Urteilskraft* schrieb: »Denn wo das sittliche Gesetz spricht, da gibt es, *objektiv*, weiter keine freie Wahl in Ansehung dessen, was zu tun sei.«[14]

Diese Doktrin besitzt den Vorteil, einen Pflichtenkatalog erstellen zu können, ohne an einen Gott glauben zu müssen; es werden in demselben Streben Gläubige und Agnostiker vereint. Man benötigt keine Theologen, um Tugenden hochzuhalten. Die Kantische Moral erlaubt es, die Herrschaft einer sittlichen Kraft zu entfalten, vergleichbar mit der eines Gottesstaates, ohne die Unannehmlichkeiten eines Klerikalismus in Kauf nehmen zu müssen. Diese Morallehre stellt universell gültige Gebote auf. Aus diesem Grunde wird bei mir zu Hause in Frankreich Kant von Universität und Republik verehrt. Seine Moral richtet sich an den Menschen – als ein ausschließlich menschliches Wesen – eine solche Auffassung lieben wir.

Und die Frau?

Ich will mich nicht darüber lustig machen: Aber, was sollen wir angesichts der Unterschiede unter den Menschen noch sagen? Kant interessiert die Vielfalt der menschlichen Gattung und mit all ihren Aufspaltungen: Männer und Frauen, geistig Gesunde und geistig Kranke, Wilde und Zivilisierte.

Untersuchen wir mit Kant die letztere Einteilung. Die Wilden – Kant kennt sie. Genauer gesagt: Er hat von ihnen gehört. Seine Geographievorlesungen, eine Zusammenstellung von Informationen, aus zweiter Hand, entnommen irgendwelchen Zeitschriften und Reiseberichten, weisen eine Fülle erstaunlicher Begrifflichkeiten auf. Nehmen wir zum Beispiel einige Auszüge, ausgewählt nach dem Zufallsprinzip: »Eine Nation in Amerika drückt ihren Kindern den Kopf so tief in die Schultern ein, dass sie keinen Hals zu haben scheinen.«[15] (Über die Hottentotten vom Kap der Guten Hoffnung) »Ihre

Unflätigkeit geht über alles. Man riecht sie schon von weitem. Ihre neugeborenen Kinder salben sie recht dick mit Kuhmist und legen sie so in die Sonne.«* »Die Eltern (der Eskimos), wenn sie alt sind, richten ein Gastmahl aus und lassen sich von ihren Kindern erdrosseln, aber nie sterben sie durch ihre eigene Hand.«[15a] Wie kann in solchen Breiten die Stimme der Pflicht sich Gehör verschaffen!

Was den Gegensatz »geistig Gesunde und geistig Kranke« betrifft, so enthält er einige Überraschungen, da wir später noch sehen werden, dass sich Kant nicht etwa der ersteren, sondern der zweiten Kategorie zuordnet hinsichtlich seiner hypochondrischen und melancholischen Merkmale.

Schließlich offenbart uns das Widerspruchspaar »Mann und Frau« ein »Hinken« der menschlichen Natur. Die beiden Geschlechter marschieren nicht im Gleichschritt auf dem Weg der Zivilisation und Kultur. Um sich von der Richtigkeit dieser Tatsache zu überzeugen, muss man die drei strengen *Kritiken* verlassen und sich in die etwas einfacheren und weniger berühmten Werke vertiefen wie die *Anthropologie in pragmatischer Hinsicht verfasst*, die *Beobachtungen über das Gefühl des Schönen und Erhabenen* und nicht zu vergessen die *Bemerkungen zu den Beobachtungen*, wo man folgendes über die Frauen nachlesen kann:

»Ein Frauenzimmer, das den Kopf voll Griechisch hat, wie die Frau Dacier, oder über die Mechanik gründliche Streitigkeiten führt, wie die Marquise von Chastelet, mag nur immerhin noch einen Bart dazu haben ...«**

»Ich glaube schwerlich, dass das schöne Geschlecht der Grundsätze fähig sei.«***

* *Physische Geographie*, op. cit., S. 408.

** [...; denn dieser würde vielleicht die Miene des Tiefsinns noch kenntlicher ausdrücken, um welchen sie sich bewerben.] *Über das Gefühl* ..., Dritter Abschnitt, A 51.

*** [..., und ich hoffe dadurch nicht zu beleidigen, denn diese sind auch äußerst selten beim männlichen.] Ebd. A 56.

»Manche Frau missbraucht die Erlaubnis, die die Weiber haben, unwissend zu sein.«*

»Der Mann ist leicht zu erforschen, die Frau verrät ihr Geheimnis nicht; obgleich anderer ihres (wegen ihrer Redseligkeit) schlecht bei ihr verwahrt ist.«**

»Das Lachen ist männlich, das Weinen dagegen weiblich.«***[16]

Und so weiter. *(Unterschiedliche, unruhige Reaktionen im Publikum.)*

Ich merke, dass sich einige von Ihnen durch diese Zitate in Unruhe versetzen lassen könnten. Ich bitte Sie, nicht voreilig Schlüsse zu ziehen oder sich mit Ihrer Beurteilung zurückzuhalten. Um richtig zu verstehen, müssen wir Kant im Rahmen der philosophischen Tradition einordnen.

Für mich ist der Kantismus zunächst eine Lebensweise und weniger eine Doktrin. Er ist eher ein Gesamt an Gesten und Haltungen als eine Sammlung von Texten oder ein Ideensystem.

Denken heißt, das Leben eines Denkers zu führen. Es gibt einen Begriff, der zutreffend diese Definition ausdrückt: *Askese.* Sie bedeutet im antiken Sinne nicht »Abtötung«, sondern »Eifer«, der zu Übungen und Regeln des Lebens anstiftet.

Ohne eine Frau zu leben ist Askese. Mit einer Frau zu leben auch.

Es gibt klare Lebensregeln, aber auch das knifflige Problem der Mischung der Geschlechter: Soll man Frauen den Zugang zu einer philosophischen Schule gestatten? Wie soll man Frauen behandeln? Als Freundinnen, Geliebte, Gattinnen? Entsprechend ihrer philosophischen Einfärbung haben die

* *Bemerkungen zu den Beobachtungen über das Gefühl des Schönen und Erhabenen*, Akad. Ausg., XX, Band VII, S. 130.

** *Anthropologie*, op. cit., B 283, A 285.

*** Ebd., § 73 (B 209, A 210).

Philosophen der Antike dieses Problem unterschiedlich beantwortet.

Der römische Stoiker Musinius* schrieb einen Traktat mit dem Titel: *Warum sollen Philosophen heiraten?*, in dem er erklärt, dass gemäß der Natur und der Vernunft zu leben bedeutet, als Paar zu leben.[17] Mehr als jeder Andere hat der Weise die Pflicht zur ehelichen Gemeinschaft. In dieselbe Richtung passt auch ein Grieche, Hierokles**, der die Menschen als »eheliche Tiere« bezeichnete und für den die Eheschließung »uns ein Imperativ ist, wenn ihm nicht irgendein Umstand widerspricht«.

Man muss dennoch zugeben, dass diese »gamophile«[18] Tradition nur von einer Minderheit der griechischen und römischen Autoren vertreten wird. Die Epikureer und die Kyniker waren gegen die Ehe eingestellt. Die Platoniker vergegenwärtigten sich genüsslich die Anekdoten über Xanthippe, Gattin des Sokrates, eine der zänkischsten Megären überhaupt. Die ersten christlichen Philosophen äußerten sich ebenfalls geringschätzig über das, was sie das *Joch der Ehe* nannten. Der heilige Paulus befürchtete, dass die Widerwärtigkeiten des Fleisches die Gatten vom Gebet abhielten ... In seinen *Unterhaltungen**** erstellt Epiktet eine Liste der abstoßenden ehelichen Pflichten: Das Wasser für den Kochtopf erhitzen, die Kinder zur Schule begleiten (zweifellos konnten sie wegen der Päderasten dorthin nicht alleine gehen), dem Schwiegervater zur Hand gehen, seiner Frau Wolle, Öl, ein Bett und einen gefüllten Trinkbecher verschaffen. Kinder und Küche! Wie soll man da noch nebenbei philosophieren! Ganz zu schweigen von anderen ehelichen Pflichten ... Denn der Körper des Ehemanns gehört seiner Frau, nicht etwa umgekehrt. Und das weibliche Verlangen ist gebieterisch.

* Rufus Musonius, etwa 30–100 u. Z.; erhalten sind ca. 40 Exzerpte.

** Stoiker aus der Mitte des 2. Jh. u. Z.; Verfasser einer *Grundlegung der Ethik*.

*** Gemeint ist wohl das *Encheiridion*, »Handbüchlein« des stoischen Philosophen Epiktet (Schüler des Musonios), 33 bis etwa 135.

An sich nimmt das Philosophieren den vollen Zeitraum ein. Im Brief des Seneca an Lucilius steht*: »Denk nicht daran, philosophieren zu können, wenn du nicht alles Andere zurückstellst.« Neunhundert Jahre später erteilte Heloïse ihrem Geliebten Abaelard dieselbe Lektion: »Die Philosophie nur einen Augenblick beiseite zu lassen, bedeutet fast so viel wie sie ganz aufzugeben. Wenn Ihr sie unterbrecht, verlässt sie Euch.« Ein befreundeter Konzertpianist sagte mir eines Tages: »Wenn ich auch nur einen Tag aufhöre zu spielen, merke ich das beim Spielen. Wenn ich zwei Tage nicht spiele, bemerkt es das Publikum.« Genauso verhält es sich mit der Philosophie. Ich habe Heloïse zitiert, aber nicht ausführlich genug. Sie kennen die Geschichte ihrer tragischen Liebschaft mit dem Philosophen Abaelard. Sie wissen, dass dieser Philosoph des 12. Jahrhunderts, der der »Erfinder« des Quartier latin, des »lateinischen«, also gelehrten Viertels ist, wo er die Studenten und Bewunderer um sich versammelte, dass dieser Abaelard eine großartige Karriere schmiss an dem Tag, als er sich in die schöne und intelligente Heloïse verliebte – um zwanzig Jahre jünger als er. Abaelard hatte an sich die eine ganz vernünftige Idee, mit dieser jungen Person ins Bett zu gehen, aber die andere ziemlich dumme, sie zu heiraten. Heloïse war entzückt, was die erste Idee betraf, und war verärgert wegen der zweiten. Heiraten? Sie weigerte sich, zitierte den heiligen Hieronymus, den heiligen Paulus, Theophrast, Cicero – eine ziemlich unfreundliche Erteilung einer philosophischen Lektion, die den »Sokrates der Gallier« – diesen Beinamen hatte man Abaelard gegeben – an seine Pflichten erinnerte. »Ach, ist es nicht sehr unschicklich und beklagenswert, einen Mann zu sehen, den die Natur für die ganze Welt geschaffen hat, der aber von einer Frau beherrscht wird und von einem entehrenden Joch gebeugt wird?« – so entrüstet sich Heloïse, die keinesfalls frauenfeindlich ist, aber von einem Ehepaar eine pessimistische

* *Moralische Briefe an Lucilius* von Lucius Annaeus Seneca, 4 v. u. Z. bis 65 u. Z.

Vorstellung hat (»Frauen könnten bedeutende Männer niemals führen - außer in den Ruin«). Nun, Abaelard ist ein bedeutender Mann, zumindest potentiell. Und es ist eine Frau, die ihn an seine Pflicht zur Ehelosigkeit erinnern muss!

Wenn es mir gestattet ist, noch einen Moment bei dieser schönen Geschichte zu verweilen, so muss angemerkt werden, dass zur Zeit von Kant eine Heloïse immer noch Aktualität besitzt. Zugegeben, sie weilt seit 1164 unter den Toten, aber im 18. Jahrhundert lebt sie noch im Werk eines Autors fort, den Kant über alles bewunderte: Jean-Jacques Rousseau, von dem eins seiner äußerst berühmten Werke den Titel trägt: *Die Neue Heloïse**. Seine Handlung hat wenig mit derjenigen der Heloïse des 12. Jahrhunderts zu tun. Rousseau stellt sich ein merkwürdiges Trio vor, bestehend aus einer Julie, ihrem Liebhaber Saint-Preux und ihrem Gatten, dem Herrn von Wolmar. Dieses Trio lebt in harmonischer und keuscher Freundschaft, tugendhaft bis ins Mark. Man ist weit, sehr weit entfernt von den armseligen Übereinkünften, die Rousseau in seinem wirklichen Leben mit dem anderen Geschlecht vereinbart hatte. Er hatte es vorgezogen, mit einer Thérèse Levasseur, einer »Frau ohne Bosheit«, zusammenzuleben; ihr machte er fünf Kinder - alle wurden weggegeben. Welche Widersprüche! Eine Gefährtin, in der Tat, aber nur zu der Bedingung, dass sie vernachlässigbar ist! Ein Paar, das schon, aber ohne Kinder, die man auf- und erziehen muss! Ich werde Rousseau heute Abend nicht den Prozess machen. Ich sehe in seinem Fall ein ergreifendes Beispiel an Widersprüchen, in die sich die Philosophen angesichts der Ehe furchtbar verwickelt haben.

Die Mehrzahl ist unverheiratet geblieben. Im 17. Jahrhundert waren es alle, ohne Ausnahme: Descartes, Spinoza, Pascal, Leibniz, Malebranche, Gassendi, Hobbes. Im 18. Jahrhundert gingen nur wenige das Abenteuer der Ehe ein wie z. B. Diderot. Aber weder Hume noch Voltaire, noch Kant

* *La Nouvelle Héloïse*, 1761–1766.

wagten es. Im 19. Jahrhundert gingen Hegel, Fichte, Schelling, Comte, Marx eine Ehe ein, aber nicht Schopenhauer, auch nicht Nietzsche oder Kierkegaard. Heutzutage hat diese Angelegenheit schon größere Verbreitung gefunden. Einer der größten französischen Philosophen, Alain, steht kurz vor der Heirat, und das an seinem Lebensabend, nachdem er sich lange Zeit gesträubt hat.[19] Bergson, Bachelard haben dem Ehestand nicht widerstanden. Aus unserer Zeit sind es Sartre und Simone de Beauvoir, die sich immer wieder zur Maxime von Abaelard und Heloïse bekennen: Ein Ja zur Philosophie, ein Nein zur Ehe!

Ich habe den Eindruck gewonnen, dass eine Epoche zu Ende geht. Noch einige Jahrzehnte und man wird den unverheirateten Philosophen als eine Kuriosität ansehen; der verheiratete Philosoph wird zur Norm. Eine lange Geschichte von fünfundzwanzig Jahrhunderten geht vor unseren Augen zugrunde durch den vollständigen Sieg des Ehestandes.

Früher galten die europäischen Philosophen, wenn sie nicht aristokratischer Abstammung waren (Montaigne, Montesquieu, d'Holbach) als »soziale Bastarde«. Sie galten als nicht zu arm, aber auch nicht zu reich, eine Familie zu gründen. Wenn sie aus dem Volk emporkamen – wie Kant, dessen Vater Riemermeister war –, waren sie gezwungen, sich von den Reichen einstellen zu lassen, seien es Prinzen oder bürgerliche Emporkömmlinge, und zwar als Sekretäre, Bibliothekare, Hauslehrer. Eine Eheschließung ist für sie ein schwieriges Unterfangen. Für die Töchter aus guter Familie sind sie nicht gerade eine glänzende Partie. Finanziell schlecht ausgestattet, erfreuen sie sich doch glücklicherweise eines intellektuellen Kapitals, dessen Wert seit dem 19. Jahrhundert steigt. Nehmen Sie z. B. Hegel: Zunächst Hauslehrer, d. h. in der Position eines Domestiken, kam er erst durch eine »gut gelungene« Heirat nach oben. Obwohl bescheidener Direktor eines Gymnasiums in Nürnberg, erhielt er – nicht ohne Schwierigkeiten – die Hand eines adeligen Mädchens, Marie von Tucher. Die »Kapitalanlage« der Eltern von Tucher amortisierte sich, denn schließlich erhielt Hegel eine Professur an der Berliner Universität. Im Genuss, diesen Parcours erfolgreich absolviert zu haben, schrieb er an einen Freund: »Ich habe mein irdisches Ziel [...] erreicht, denn mit einer solchen Stellung und einer geliebten Frau hat man alles, was man auf dieser Welt braucht.« Schreckliche Reden! Wo bleibt die Größe des Philosophen? Eine Stellung und eine Frau ...

Geschickt vermied Kant dieses Schicksal. Keine Gattin, keine Schwiegereltern, keine Mätresse, keine Kinder, weder legitime noch illegitime. Er entkam Toinette, Thérèse, Caroline, Regine und all den Anderen.[20] Er geriet auch nicht in die Situation, auf seine Bequemlichkeit verzichten zu müssen, was dem jungen, verheirateten Hegel passierte, der gezwungen war, die *Wissenschaft der Logik* hinzupfuschen, um seinen Haushalt finanzieren zu können.[21] Er entging der Notwendigkeit, seine Bibliothek zu verpfänden, wie es Diderot tun musste, trotz seiner Nähe zu der Zarin Katharina II., um seiner Tochter Angélique eine Aussteuer verschaffen zu können. Ich ziehe es vor, erst gar nicht über die Nachkommenschaft von Karl Marx zu reden, die diesen großen Denker daran hinderte, seinen Geist frei von materiellen Sorgen zu halten.[22]

[...]

Wenn Kant eine Heirat ablehnt, dann liegt dem eine lange Zeit der Beobachtung und Analyse zugrunde. So schrecklich nüchtern muss man es sehen wie in einem amtlichen Protokoll! »Lasst, die ihr eingeht, alle Hoffnung fahren!« schrieb Dante.* Die Ehe ist die Hölle. Um dies klar sagen zu können, bedient sich unser Philosoph keiner übertriebenen Bilder, sondern konstatiert schlicht: »Auch dass sehr alt Gewordene mehrenteils verehelichte Personen gewesen wären, möchte

* *Die göttliche Komödie*, Die Hölle, Dritter Gesang, 9.

schwer zu beweisen sein.«[23]* Man muss sich entscheiden für ein Leben bis in ein hohes Alter oder heiraten. Die Ehe ist ein langsamer Selbstmord, eine legale Weise, seine Tage zu verkürzen. Der sexuelle Handel zwischen den Gatten erklärt nicht hinreichend diesen vorzeitigen Verschleiß der Vitalkräfte. Es ist offensichtlich, dass das Eheleben selbst an den Kräften zehrt: »Die schwarze Sorge, die Zwietracht und der Ekel herrschen im Heim.«[24] Um eine solche tägliche Katastrophe zu verstehen, müssen wir zu den Fundamenten dieser unheiligen Allianz hinabsteigen.

* *Der Streit der Fakultäten*, Grundsatz der Diätetik 3, A 175.

VIERTER VORTRAG

Nichts als Grillen im Kopf

Lebensüberdruss

Lassen wir uns nicht von seinem scheinbar ruhigen Leben täuschen. Die Regelmäßigkeit seines Zeitplans und die Monotonie seines den Studien gewidmeten Lebens verdecken schreckliche Abenteuer, Ausflüge bis an die Grenze der Verrücktheit. Monster streifen umher. Die Kantischen Marotten sind eine Zwangsjacke, die er sich tapfer anlegt, um nicht in einen schmutzigen Abgrund zu stürzen.

Habe ich mir das ausgedacht?

Kant hat sich nicht oft jemandem anvertraut. Man wird durch seinen Briefwechsel eher getäuscht: Nichts Intimes außer einigen seltenen vertraulichen Mitteilungen über seinen Gesundheitszustand, besonders seine Verstopfungen. Man könnte den Eindruck gewinnen, als habe eine unsichtbare Hand alle persönlichen Briefe vernichtet. Aber es ist Kant selbst, der Selbstzensur geübt hat. Er musste keine Bekenntnisse vernichten – er hat sie erst gar nicht geschrieben.

Kant hinterließ lediglich versteckte Hinweise – für die, die sie zu lesen verstehen.

In der Schrift *Der Streit der Fakultäten* schreibt er: »Ich habe wegen meiner flachen und engen Brust, die für die Bewegung des Herzens und der Lunge wenig Spielraum lässt, eine natürliche Anlage zur Hypochondrie, welche in früheren Jahren bis an den Überdruss des Lebens grenzte.«*

Er gesteht dies im Alter von vierundsiebzig Jahren, ohne dieses »in früheren Jahren« zu präzisieren. Das Wesentliche

* Dritter Abschnitt, Der Streit der philosophischen Fakultät mit der medizinischen, 1. Von der Hypochondrie; A 180.

ist jedenfalls gesagt: Er war suizidgefährdet und er ist hypochondrisch.

Was bedeutet »Hypochondrie«?

In der *Anthropologie* bezeichnet sie Kant als »*Grillenkrankheit*«, Krankheit der Grillen. Ein Hypochonder ist ein »*Grillenfänger*«. Bei uns in Südfrankreich verursachen die Zikaden diesen Lärm, der schwer zu lokalisieren ist, überall zu sein scheint und einem zu Kopf steigt. In Preußen – da gibt es keine Grillen ... Die Grille kann sich dort nicht im Freien aufhalten, sondern nur dort, wo es warm ist, in der Nähe des Kamins. Ihr »tschirpender«* Lärm ist das Leiden des Schlaflosen ... Diese deutsche Grille im Kamin erinnert mich an die englische Fledermaus im Glockenturm oder die französische Spinne im Gebälk.[25] An den Sprachbildern sieht man schon, wie unterschiedlich das Europa der Verrückten aussieht ... In allen Fällen haben wir es mit finsteren, oft beunruhigenden, unangenehmen Tiergestalten zu tun, die ihrerseits Lebewesen aus ihrer Normalität werfen. Solche Tiere verbindet der Franzose mit der Vorstellung einer Schabe, einem Insekt, das zum Symbol für schwarze Gedanken wurde. »Eine Grille im Kopf zu haben« heißt also, »ständig trübsinnig zu sein«. Kant besaß seine »Grille im Inneren« – seines Kamins.

Fahren wir mit unserer Erkundung fort. »Der Hypochonder ist ein närrischer Verrückter«, schrieb Littré und präzisiert diese Definition noch genauer in seinem Lexikon: »Man vermutete, dass die Ursache der Hypochondrie in den inneren Organen des Hypochondriums zu finden sei« und weiter: »Mit dem Hypochondrium bezeichnet man den Bereich des Unterleibs, der sich unterhalb der beiden falschen Rippen beidseits der Magenhöhle befindet.« Dass ein Unterleibsproblem Wahnvorstellungen hervorrufen könnte, erstaunt uns, dennoch schreibt Kant wegen dieser Sache an seinen ärztlichen Freund, Marcus Herz: »Jeden Morgen habe ich eine so mühsame und gemeiniglich so unzureichende Ausscheidung,

* *Anthropologie*, § 47.

dass das zurückbleibende und sich anhäufende Exkrement, so viel ich urteilen kann, die Ursache eines benebelten Kopfes wird.«[26] Verstopfung vernebelt das Vorstellungsvermögen. Im Jahre 1764 zeichnet Kant in einem kleinen Werk, das in Frankreich noch unbekannt ist: *Versuch über die Krankheiten des Kopfes*, ein klinisches Bild der Hypochondrie:

»Es ziehet aber vornehmlich einen melancholischen Dunst um den Sitz der Seele, dermaßen, dass der Patient das Blendwerk fast aller Krankheiten, von denen er nur höret, an sich selbst fühlt. Er redet daher von nichts lieber als von seiner Unpässlichkeit, lieset gerne medizinische Bücher, findet allenthalben seine eigenen Zufälle, in Gesellschaft wandelt ihn auch wohl unvermerkt seine gute Laune an, und alsdann lachet er viel, speiset gut, und hat gemeiniglich das Ansehen eines gesunden Menschen.«[27]

Die Hypochondrie ist im übrigen nicht das einzige Übel, unter dem Kant litt. Will man ihm glauben, so litt er beständig. In einem anderen Brief an Marcus Herz, Ende 1773, während er die *Kritik der reinen Vernunft* niederschrieb, beschreibt er das, worunter er litt: »... die häufigen Indispositionen [...] welche immer Unterbrechungen verursachen.«*

So schildert Kant sich also selbst! Er ist melancholisch und halluziniert. Er leidet beständig, aber dem Anschein nach erfreut er sich bester Gesundheit. Er täuscht nur: Äußerlich in guter Stimmung, ein gut gelaunter Gastgeber, innerlich voller Pein.

Wir verstehen jetzt die zwanghafte und pathologische Lebensweise Kants besser. Er verwendet so viel Einfaltsreichtum darauf, bei bester Gesundheit zu sein, was aber nichts anderes als ein Zeichen von Krankheit ist. Umgekehrt lässt sich sagen, dass, wenn Kant bei guter Gesundheit ist, dies deswegen so ist, weil er sich immer krank wähnt. Dieser Wahn hält ihn im Gleichgewicht. Er drückt dies in einer wundervollen Formulierung aus: »Ein jeder Mensch hat seine be-

* *Briefwechsel*, op. cit., S. 144f.

sondere Art gesund zu sein, an der er, ohne Gefahr, nichts ändern darf.«[28] Lasst mir meine Chimären, sie garantieren mein Überleben.

Ich bin aber noch nicht ganz zu einem Ende gekommen hinsichtlich Kants Pathologie. Sie betrifft nicht nur Kants Magen, den Unterleib, das Hypochondrium und überhaupt die physischen Organe. Kant ist ernsthaft an der »Einbildungskraft« erkrankt – er produziert ständig irgendwelche Szenarien. Er ist Regisseur seines Übels: Er liebt, ja, geradezu liebevoll pflegt er seine Chimären. Es ist so als würde das Zirpen der Grillen ihn zur selben Zeit, da es ihn quält, erfreuen. So scheint es sich zu verhalten: Wir lieben diese Grille, die von uns Besitz ergriffen hat, wir füttern sie auch noch! Darin besteht die wahre Grausamkeit des Hypochonders, dass sie sich gegen ihn selbst richtet!

Es wirkt aber diese Einbildungskraft auch in den vornehmsten Bereichen unseres Seelenlebens, denen am wenigsten Aufmerksamkeit geschenkt wird. Sie infiziert »die Vernunft«, dieses überlegene Vermögen, auf das der Mensch so stolz ist. Wenn sie »rein« von irgendeiner Sinneserfahrung wird, redet die Vernunft Unvernünftiges. Sie gibt dann vor, die Existenz Gottes oder die Unsterblichkeit der Seele beweisen zu können. Diese Verrücktheit heißt Metaphysik. Der Metaphysiker ist ein weiser Irrer. Er will alles beweisen, demonstriert aber nur das eigene Irresein. Nun ist aber Kant ein chronischer Metaphysiker; er empfindet diesen Antrieb wie ein Liebesbegehren. »[Man kann also sicher sein ...], man werde jederzeit zu ihr [sc. der Metaphysik], wie zu einer mit uns entzweiten Geliebten zurückkehren.« Dies gesteht er am Schluss der *Kritik der reinen Vernunft*.[29] Diese Liebe bereitet den Schauplatz für »metaphysische Orgien«, schwerwiegende Zuchtlosigkeiten, die Kant »Dialektik«, »Paralogismen« und »Antinomien« nennt, drei Szenarien, die von der metaphysischen Libido hervorgerufen werden. Aus diesen Gründen muss er sich der Askese unterziehen.

Eine solche Askese braucht Zeit. Der junge Mann muss geheilt werden. Wenn Kant so spät seine bedeutenden Werke geschrieben hat, wenn die Reife bei ihm erst in seinen sechziger Jahren eintritt, wenn er in den ersten drei Vierteln seines Lebens nur die Hälfte seines Werkes produziert hat, so bedeutet dies, dass er sich von seinen verbotenen Liebschaften reinigen muss. Er hat ihnen in seiner Jugend viel gegeben. Im Alter von einundzwanzig Jahren schrieb er die *Allgemeine Naturgeschichte und Theorie des Himmels*. (Er zog es übrigens vor, seinen Namen nicht unter dieses Werk zu setzen.) In dieser Theorie beschreibt er die Sonne so, als habe er sich ihr tatsächlich genähert: »Man siehet in einem Anblicke weite Feuerseen, die ihre Flammen gen Himmel erheben, rasende Stürme, deren Wut die Heftigkeit der ersten verdoppelt.«[*] Ich werde Ihnen längere Passagen dieser Theorie des *Himmels* ersparen, deren Dritter Teil einen »Versuch einer Vergleichung zwischen den Einwohnern verschiedener Planeten« darstellt. Kant fragt sich, warum unsere unsterbliche Seele »wohl in der ganzen Unendlichkeit ihrer künftigen Dauer [...] an diesen Punkt des Weltraumes, an unsere Erde jederzeit geheftet bleiben«[**]? »Vielleicht bilden sich darum noch einige Kugeln des Planetensystems aus, um nach vollendetem Ablaufe der Zeit, die unserem Aufenthalte allhier vorgeschrieben ist, uns in andern Himmeln neue Wohnplätze zu bereiten.«[***]

Diese Seiten machen aus dem jungen Kant das, was wir heute einen »Sciencefictionautor« nennen würden.

Natürlich handelt es sich um Jugendschriften, aber elf

* *Allgemeine Naturgeschichte und Theorie des Himmels, oder Versuch von der Verfassung und dem mechanischen Ursprunge des ganzen Weltgebäudes nach Newtonischen Grundsätzen abgehandelt;* A 137.

** Op. cit., Beschluss, A 199.

*** Ebd.

Jahre später, im Jahre 1766, erleidet Kant einen Rückfall: Er schreibt ein merkwürdiges Büchlein mit dem Titel *Träume eines Geistersehers*, das er ebenfalls nicht mit seinem Namen versieht. Geisterseher? Würde man den französischen Titel *Träumereien eines Visionärs* angemessen übersetzen, müsste er wohl eher lauten: *Hirngespinste eines Verfertigers von außersinnlichen Erscheinungen* oder: *Träume eines Sehers*, denn die Fähigkeit zu Visionen hat eine positive und lobend hervorzuhebende Bedeutung, die der polemischen Absicht Kants nicht entspricht.

Diese Schrift ist ein Angriff nach allen Regeln der Kunst auf einen erleuchteten Schweden namens Swedenborg, der Geschichten über seine Kontakte mit den Geistern Verstorbener erzählt.

Kant ist ganz gegen Swedenborg eingestellt. Ganz und gar.

Das heißt, fast ganz und gar.

Um ihn zu widerlegen, zögert er nicht, gegen teures Gold eine Ausgabe von Swedenborgs *Arcana coelestia* zu erwerben. Ein solches Interesse an einem benebelten und zu seiner Zeit in Deutschland unbekannten Verfasser erschien mehr als einem Zeitgenossen etwas bizarr. Kant wusste das: »[...] Da ich einmal durch die vorwitzige Erkundigung nach den Visionen des Schwedenbergs [sic!] [...], viel hatte zu reden gegeben.«* Es ist schwierig, dieses »einmal« zu datieren. Man weiß lediglich, dass Kant die Absicht hegte, Swedenborg in Stockholm zu treffen, aber statt über die Ostsee zu reisen, ließ er ihn über einen Mittelsmann befragen; diesen Erleuchteten nannte er im Alter von neunzehn Jahren noch »einen vernünftigen, zuvorkommenden und offenen« Mann. Kant berichtet voller Bewunderung und ohne Vorbehalt, wie Swedenborg, auf einer Reise in Göteborg befindlich, »gesehen« habe, dass zur selben Zeit in Stockholm ein Brand in dieser sechshundert Kilometer entfernten Stadt ausgebrochen sei,

* *Briefwechsel*, op. cit., S. 69; An Moses Mendelssohn vom 8. April 1766.

was er sogleich den Menschen, die gerade in seiner Nähe waren, berichtete. »Wie sehr wünsche ich, dass ich diesen sonderbaren Mann selbst hätte fragen können!«, gestand Kant einer Dame, mit der er korrespondierte.[30]

Ich folgere daraus, dass Kant die einzige Reise, die er in seinem Leben hätte unternehmen wollen, dem Interesse einer einzigen Stadt galt, die weder Paris noch London, noch Berlin, sondern Stockholm war.

Im Alter von zweiundvierzig Jahren verfasst er seine Selbstkritik: »Ich habe meine Seele von Vorurteilen gereinigt.«* Das sind Äußerungen eines Menschen, der auf dem Weg der Genesung ist – und zwar tut er sich nach eigenen Aussagen sehr schwer dabei: »Was die Erzählung anlangt, kann ich mich nicht entbrechen, eine kleine Anhänglichkeit an die Geschichte von dieser Art zu nähren.«[31] Er meidet die Ursache der schwedischen Krankheit, hat sich aber noch nicht von ihr erholt.

An ihrem Lebensabend finden Gelehrte oft Vergnügen an merkwürdigen Studien über das Paranormale und die Parapsychologie, so als ließe die Muße in ihrem Ruhestand die in ihnen aufgrund der wissenschaftlichen Disziplin bis dahin lange unterdrückten Triebe zum Vorschein kommen. Ich stelle fest, dass es sich bei Kant umgekehrt verhält. Er beginnt mit okkulten Beschäftigungen und hört mit vernunftgemäßen Wissenschaften auf.

Wir haben Schwierigkeiten, den Wendepunkt zu datieren oder gar ihn zu beschreiben. Was war das für ein Ereignis, das Kant dem Einfluss Swedenborgs entzog? Vielleicht die Niederschrift der *Träume eines Geistersehers*? Oder die Lektüre von Hume?

* »..., ich habe eine jede blinde Ergebenheit vertilgt, welche sich jemals einschlich, um manchem eingebildeten Wissen in mir Eingang zu verschaffen«; dieses Zitat aus den »Träumen« (op. cit., A 73) kommt dem unbelegten Zitat am nächsten.

[...]

Kant ist Rationalist. Allerdings ein konvertierter Rationalist. Und wie alle Konvertiten bewahrt er tief in seinem Busen eine nostalgische Liebe für den alten Glauben. Er betrachtet die Swedenborgschen Faseleien mit der »leichten Zuneigung« wie ein reumütiger Alkoholiker die verbotene Flasche.

Aber sein Über-Ich ist wachsam angesichts dieses Hanges zum »Visionären«, ganz besonders in den Stunden, in denen das Denken pausiert. Die Einsiedler der Wüste, die Mönche in ihren Zellen, sie alle kennen die Gefahr der schwachen Stunden, wenn der *Dämon der Muße* erscheint. Dieser Dämon ruft eine Anzahl von Träumereien hervor – von denen in der heutigen Zeit nur die sexuellen Fantasien übrig geblieben sind –, die mit Melancholie durchtränkt sind. Die Kirchenväter haben dieses Übel, das sie *acedia*, d.h. Schwermut, nannten, ausführlich beschrieben; dieses Unheil, nach den Worten des heiligen Gregors, artet in *malicia, rancor, pusillanimitas, desperatio, torpor, evagatio mentis* aus; d.h. in einen Hass gegen das Gute, Revolte gegen die Guten, seelischen Kleinmut, Verzweiflung, Mutlosigkeit, Faselei. Einen entsprechenden Ausdruck dieser Serie von Übeln finden wir bei Kant in seiner Klassifizierung der unterschiedlichen Typen der Verrücktheit: Geistige Verwirrung, Delirium, Extravaganz, Irresein.[32] Lassen Sie mich das erste Übel genauer betrachten. Die geistige Verwirrung ist die Unmöglichkeit, die Empfindungen miteinander zu verbinden. Sie wissen alle als erfahrene Kantianer, dass das Transzendental die Bedingungen der Möglichkeit von Erfahrung bedeutet, dank dessen die chaotische Mannigfaltigkeit der Sinneseindrücke unter die »apriorischen Formen der Sinnlichkeit« organisiert wird, deutlicher gesagt: Es handelt sich um die eingeborenen Bezugsrahmen unserer Wahrnehmung von Raum und Zeit. Nun verläuft dieses Organisieren von Erfahrung nicht von selbst, es ist kein automatisch ablaufender Prozess. Zur Probe, dass dem nicht so ist, so Kant, genüge es, gewisse Etablissements aufzusuchen, um sich darüber Gewissheit zu verschaffen: »In den Tollhäusern ist das weibliche Geschlecht, seiner Schwatzhaftigkeit halber, dieser Krankheit am meisten unterworfen.«* Diese Verwirrung rührt von dem her, was ich eine »transzendentale Störung«** nenne.

Was das Irresein betrifft, so handelt es sich um eine Krankheit, die Phänomene aufweist vergleichbar einem Verstand, der unsinniges Zeug redet. In der *Kritik der reinen Vernunft* werden diese irren Formen Dialektik, Analogien oder Paralogismen genannt; es handelt sich hierbei um phantasmagorische Gebilde, die von unserem Intellekt erzeugt werden, wenn er sich frei von allen Inhalten bewegt. In diesem Sinn ist die gesamte traditionelle Metaphysik vor Kant ein ungeheures Irresein der Vernunft. Was bedeutet im übrigen *coagitatio*? In der mittelalterlichen Medizin wurde mit diesem Wort das wirre Durcheinander von Wahngebilden in unserem Verstand bezeichnet. Es handelt sich dabei um eine Hyperaktivität der Einbildungskraft, eine Hypertrophie der Phantasie, die an diese melancholische *acedia* geknüpft ist, von der ich vorhin sprach.

Sehen Sie nun, was mich auf den Dämon der Muße brachte. Nach Kant wird dieser Dämon zu den beiden heiklen Momenten des Tages unruhig: Nach dem Mittagsmahl und in der Nacht. Wachsamkeit ist geboten! Schläfrigkeit nach einer Mahlzeit und tiefer Schlaf sind zwei Feinde des Philosophen. Man muss sich vorsehen.

Um gegen die Apathie während der Siesta anzukämpfen, bediene man sich des Heilmittels der Promenade. Kant hat dieses Mittel nicht erfunden. Seit den Griechen ist der Spaziergang eine unerlässliche Aktivität des Philosophen. Denken Sie an Sokrates, der Phaidros auf einen Gang aufs Land, Athen verlassend, mitnimmt; denken Sie an Aristoteles und

* *Anthropologie*, § 49; BA 145.

** »Diese erste Verrückung [sc. Unsinnigkeit – amentia] ist tumultuarisch« (ebd.).

die Peripatetiker, die nur denken konnten, wenn sie umhergingen. Sag mir, wie du gehst, und ich sage dir, was für ein Philosoph du bist ... Die Spaziergänge von Hobbes, dem großen Sportler unter den Unsterblichen, der das hohe Alter von neunzig Jahren erreichte, sie sind nicht zu vergleichen mit denen von Rousseau oder Nietzsche. Das ist ein weites Feld, das ich heute Abend nicht weiter behandeln werde ... Ich bleibe bei Kants Promenade, die nur ihre beabsichtigte Wirkung erzielen kann, wenn sie strengen Regeln unterworfen wird. Freies Umherlaufen oder durchs Feld Streifen ist nicht angesagt ... Denn Kant achtet peinlich darauf, seine Atmung, seine Schritte und seinen Schweiß (den er zu vermeiden sucht) zu regulieren. Das alles hat nichts mit einer Rousseauschen Promenade zu tun, die Gelegenheit bietet, Träumen nachzuhängen, grundlegende Erfahrungen zu machen und in die Tiefe des Ichs einzutauchen – all dies fern von der Gesellschaft und der lauten Stadt. Für Kant hat sein Marschieren die Bedeutung einer Übung, welche die Verstandeskräfte wieder auffrischt. Es geht bei weitem nicht darum, sich in Träumereien zu erschöpfen ... Kein irrendes Denken aufkommen lassen! Diesen Zweck erfüllt schon ein Gang durch die Stadt.

Was den Schlaf betrifft und das nächtliche Reich, so lauern hier Gefahren. Die nächtlichen Träume sind die gefährlichsten. Man darf auf keinen Fall dem Übergang vom Wachen zum Schlafen trauen, dem Moment, da man einschläft. Kant verschrieb sich einer besonderen Methode. Wie bei einem Mantra[33] wiederholte er immer wieder den Namen »Cicero«. Kant spricht nie von seinen Träumen. Sie galten ihm als ein Nichts, das vergleichbar ist mit dem heilenden Nichts, dem Schlaf, in den er stürzte. Der Schlaf ist eine große Gedankenleere. Man muss nur beim Aufwachen wieder Vorsicht walten lassen, denn dieser Wiedereintritt in die menschliche Atmosphäre ist wieder eine Falle. Aus dieser ungewissen Stunde, so behaupten einige, schöpften sie ihre besten Einfälle. Descartes liebte es, bis in die Puppen hinein zu schlafen und seine Gedanken umherschweifen zu lassen. Für einen Kantianer sind das Ungereimtheiten! Man muss die Phase des Aufwachens wie ein Unkraut abschneiden und mit einem Sprung dem Schlaf entkommen. Fünf Minuten später muss man an seinem Schreibtisch sitzen.

FÜNFTER VORTRAG

Schweiß, Speichel, Sperma

Gehirntropfen

Man soll auf seine Körperflüssigkeiten Acht geben. Man soll sie zurückhalten. Jeder Tropfen unserer wertvollen Flüssigkeiten ist Teil unserer Vitalkräfte. Jeder Ausfluss bedeutet eine Schwächung unserer Energie. Der Kantismus zeichnet diese Utopie des Fleisches: Es kommt darauf an, in einem geschlossenen Kreislauf zu leben und unsere Formen des Austausches auf ein Minimum zu reduzieren.

Nehmen wir uns der Flüssigkeiten eine nach der anderen an und prüfen dann, wie sich das Kantische System auf sie anwenden lässt.

Als erstes: Man muss auf seinen Schweiß achten.

Die Zeugen sprechen eine eindeutige Sprache. Kant sonderte keinen Schweiß ab – jedenfalls nur in allergeringstem Maße. Jachmann gibt den folgenden Bericht: »Im Sommer ging er sehr langsam, um nicht in Schweiß zu geraten.«* Wasianski** bestätigt dies: »Weder in der Nacht, noch bei Tage transpirierte Kant. [...] Da ihn indessen sein schon erwähnter leichter Anzug im Sommer bei Bewegungen im Freien doch nicht völlig vor Anwandlungen des Schweißes sichern konnte, so hatte er auch dagegen ein Vorbeugungsmittel in Bereitschaft. Er blieb in irgendeinem Schatten und in der Stellung, als wenn er jemanden erwartete, so lange still stehen, bis die Anwandlung zur Transpiration vorüber war. War aber in einer schwülen Sommernacht nur eine Spur von

* Felix Groß (Hg.): *Immanuel Kant. Sein Leben in Darstellungen seiner Zeitgenossen*, Berlin 1912, S. 167.

** Zeitgenössische Kant-Biographen sind L. E. Borowski, R. B. Jachmann und A. Ch. Wasianski; Zitat bei Groß, op. cit., S. 203.

Schweiß bei ihm eingetreten, so erwähnte er dieses Falles mit einer Art von Wichtigkeit, als eines ihm zugestoßenen widrigen Ereignisses.«[34]

Des Weiteren: Man achte auf seinen Speichel.

Spucken ist Verschwendung. Dieser kostbare Körpersaft – obwohl gerne vernachlässigt – hat die wertvollen Eigenschaften eines Medikaments. So kann man sich des Speichels bedienen, um die Verdauung zu erleichtern: »Ein Nebenvorteil dieser Angewohnheit des Atemzuges mit beständig geschlossenen Lippen, wenn man für sich allein wenigstens nicht im Diskurs begriffen ist, ist der: Dass die sich immer absondernde und den Schlund befeuchtende Saliva hiebei zugleich als Verdauungsmittel (stomachale), vielleicht auch (verschluckt) als Abführungsmittel wirkt; wenn man fest genug entschlossen ist, sie nicht durch üble Angewohnheit zu verschwenden.«[35]

Man kann auch mit dem Speichel den Husten bekämpfen, um das Kratzen im Kehlkopf zum Verschwinden zu bringen. Dabei ist – einer von Kant entwickelten Technik folgend – »nämlich die Aufmerksamkeit auf diesen Reiz dadurch ganz abzulenken, dass sie mit Anstrengung auf irgend ein Objekt [...] gerichtet [...]«[36] werde. [Dieses Haushalten mit dem Speichel hat seine Folge für das Liebesleben. Selbst wenn Kant nicht darüber spricht, so kann man doch leicht daraus ableiten, dass die Ausführung eines feuchten Kusses, was ja bedeutet, eine unangebrachte Vergeudung von Speichel herbeizuführen, der Gesundheit abträglich ist. Im Übrigen ist der Kuss der Römer – und zwar der wahre Liebeskuss, der die Vereinigung der beiden Wesen erlaubte – notgedrungen trocken, denn es handelt sich um einen Austausch von *pneuma*, von zwei Seelen, und nicht etwa von Speichel.[37]]

Schließlich liegt es auf der Hand, dass man auch auf sein Sperma Acht geben muss.

Sein Sperma zu verausgaben heißt, seine Lebensenergie zu vergeuden. Jede Ejakulation verkürzt unser Leben. Weshalb soll man sein Gefäß ausleeren? Warum seine Tage verkürzen? Eine der Obsessionen Kants war es, sehr alt zu werden; er selbst führte eine Liste der Männer seiner Generation, die vor ihm starben. Mit achtzig Jahren zu sterben bedeutet an sich, dass er sein Ziel erreicht hat. Er wusste, dass jede sexuelle Beziehung einem Suizid gleichkommt. »Auch dass sehr alt Gewordene mehrenteils verehelichte Personen gewesen wären, möchte schwer zu beweisen sein.«* Außer den Aufregungen der Ehe, über die wir gestern hier sprachen, ist die Verausgabung des Spermas beim Beischlafe - obwohl ebenfalls an der vorzeitigen Schwächung beteiligt - nicht vergebens. »Unverehelichte (oder jung verwitwete) alte Männer (erhalten) mehrenteils länger ein jugendliches Aussehen, als verehelichte, welches doch auf eine längere Lebensdauer zu deuten scheint«** - dies schrieb Kant im Alter von vierundsiebzig Jahren.

Das haben also diejenigen Männer davon, denen die ehelichen Pflichten ihr kostbares Samengut abgenötigt haben. Wie steht es aber um die Junggesellen? Diese Frage aufzuwerfen bedeutet, das delikate Problem der Masturbation anzugehen.

Über die Selbstbefleckung

Eine jede Verschwendung ist ein Vergehen. Was die Masturbation angeht, so kommt man mit dem Unreinen in Berührung. Es geht dabei nicht so sehr um die körperliche Gesundheit, sondern um das seelische Heil, wobei diese Art der Beschmutzung unsäglich ist. »Dass selbst die Nennung eines solchen Lasters bei seinem eigenen Namen für unsittlich gehalten wird« - schreibt Kant in einem Text, in dem nicht ein-

* *Der Streit der Fakultäten*, op. cit., A 175.
** Ebd.

mal das Wort »Masturbation« auftaucht, so heftig ist die Abscheu, die ihm dieses Wort einflößt.[38]

Diese Verurteilung eines sittlichen Vergehens, das Kant für gravierender als den Selbstmord hält, betrifft insbesondere den Heranwachsenden, auf den man ganz besonders sein Augenmerk richten muss: »Aber auch diese [sc. Wollust, die auf sich selbst gerichtet ist] muss man dem Jünglinge nicht verhehlen. Man muss sie ihm in ihrer ganzen Abscheulichkeit darstellen, ihm sagen, dass er sich dadurch für die Fortpflanzung des Geschlechtes unnütze mache, dass die Leibeskräfte dadurch am allermeisten zu Grunde gerichtet werden, dass er sich dadurch ein frühes Alter zuziehe, und sein Geist sehr dabei leide, u. s. w. Man kann den Anreizen dazu entgehen, durch anhaltende Beschäftigung, dadurch, dass man dem Bette und Schlafe nicht mehr Zeit widmet, als nötig ist. Die Gedanken daran muss man sich durch jene Beschäftigungen aus dem Sinne schlagen, denn, wenn der Gegenstand auch nur bloß in der Imagination bleibt, so nagt er doch an der Lebenskraft.«[39]

Und wenn man zwischen der Masturbation und »der Verbindung mit einer Person des anderen Geschlechts« zu wählen hat, dann gibt es keinen Zweifel, dass dieses letztere [Mittel] »allerdings besser«[40] ist. Besser eine Prostituierte aufsuchen als masturbieren!

[...]

Dass Kant die Masturbation zu einem Tabu macht, stimmt mit seiner Theorie der Vorstellungskraft überein: »Unnatürlich heißt eine Wohllust, wenn der Mensch dazu, nicht durch den wirklichen Gegenstand, sondern durch die Einbildung von demselben [also zweckwidrig, ihn sich selbst schaffend] gereizt wird.«* So kann man es im selben Abschnitt der

* *Metaphysik der Sitten*, op. cit., A 77; in eckigen Klammern der weitere Text von Kant, der von Botul ausgelassen wurde.

Tugendlehre nachlesen. Diogenes und die Kyniker, welche die Masturbation, wenn sie denn notwendig war, priesen, sind nicht darauf gekommen, dass diese Handlung eine solch einsame ist, wie es den Anschein hat, noch wurde sie von ihnen als »unnatürlich« angesehen. Die Masturbation liefert uns nichts Künstliches, auch keine Trugbilder, sondern im Gegenteil: Der Masturbierende erschafft sich Handlungen und ruft das Bild einer begehrenswerten Person hervor. Er meint, sich von einem Übermaß seiner Flüssigkeit zu reinigen, doch er befriedigt lediglich seinen Geist mit Phantasiegebilden.

Würde ich Sie sehr überraschen, wenn ich sagte, dass diese Kantische Theorie mir sehr modern erscheint?

Zugegeben, die Aufregung um das Masturbieren entgeht uns heute. Aber vielleicht ist es auch nur ein Streit um Wörter. Wenn ich heute von Kokain- oder Opiumabhängigen reden höre, kann ich nicht umhin, an jenen Artikel über den Masturbierenden aus dem zu Beginn des 19. Jahrhunderts erschienenen *Medizinischen Wörterbuch* zu denken: »Dieser junge Mann litt an vollständiger Entkräftung, sein Augenausdruck völlig erloschen [...]. Seine Haut war fahl, seine Zunge zuckend, die Augen eingefallen, alle Zähne freigelegt, das Zahnfleisch mit offenen Geschwüren, das Endstadium von Skorbut anzeigend. Der Tod konnte ihm nicht mehr bedeuten als das glückliche Ende seiner langen Leidenszeit.« So sieht das Ergebnis der Masturbation aus! Meint man nicht, die Beschreibung eines heutigen Drogenabhängigen zu lesen? Handelt es sich nicht im Grunde um dieselbe Angst, die uns bedrückt, obwohl uns ein Jahrhundert trennt: Es ist dieselbe grenzenlose Not, die niemals gestillt werden kann, dieselbe Isolation, dieselbe Selbstgenügsamkeit des jungen Mannes, der urplötzlich unzugänglich wird, von den ihm einst Nahestehenden ganz abgeschnitten, »ohne Tür oder Fenster«?

Sperma und *Pneuma*

Kant bleibt im besten Sinne unserer pneumatischen Tradition treu. Was ist das für ein Ding, das *Pneuma*?

Es ist der Hauch, der Geist. Dieses Pneuma zirkuliert in der Gestalt animalischer Geister im Blut und eben auch – im Samen. Also bedeutet jeder Samenerguss ein Vergießen von Pneuma, womit die für den Beischlaf aufgewendete Energie dem Reich der Gedanken entzogen wird.

Was ist schon das Gehirn anderes als Rückenmark? Was ist denn das Rückenmark anderes als ein Samenreservoir? Mit den Worten von Diogenes Laertius bezeichnet Pythagoras den Samen als »Gehirntropfen«.

Wenn der Mann sexuell aktiv wird, riskiert er seine Haut oder genauer, sein Rückenmark, das heißt: sein Hirn. Platon hat uns schon rechtzeitig davon in Kenntnis gesetzt: »Die Leib und Seele verknüpfenden Bande des Lebens gaben, in ihm [sc. dem (Rücken-) Mark] sich vereinigend, dem sterblichen Geschlecht eine feste Wurzel.«[41] Sein Sperma zurückzuhalten heißt, sich wie eine Pflanze zu erhalten: Gegen den Himmel ausgerichtet entlang der Achse Geschlecht/Rückgrat/Gehirn. Enthaltsamkeit hält uns aufrecht. Diejenigen, welche die Flüssigkeit ihres Marks entleeren, leiden an einer Rückenkrankheit; entsprechend bezeichnet man den Rückenmarksschwund oder *tabes dorsalis* als diejenige Energievergeudung, die auf einen zu großen Samenausstoß zurückzuführen ist.[42]

[…]

Man wird dagegenhalten, dass ein Ansammeln von Sperma gesundheitsschädlich sei, dass das Sperma verderben könne, wie man es ehemals vom »schlechten Blut« sagte. Tissot meint hingegen, dass dank der Keuschheit das Sperma ins Blut »zurückgepumpt« werde, dass »der Blutkreislauf angeregt wird, der Stoffwechsel besser funktioniert und alle anderen Körperfunktionen vollkommener sind«. Sein Sperma bei sich zu behalten bedeutet, ein immerwährendes Verjüngungsbad einzunehmen. In diesem Sinne drückte sich der Arzt François-Mercure van Helmont im 17. Jahrhundert aus: »Wenn der Samen nicht ausgeschüttet wird, verwandelt er sich in eine geistige Kraft.« Kant denkt ebenso. Die Körpersäfte werden wiederaufbereitet. Sie vergiften uns nicht, im Gegenteil, sie beleben uns, selbst die einfachsten Säfte. Speichel, Schweiß, Sperma: Man muss sie unbedingt bei sich behalten, dann sind wir auch zu Höchstleistungen fähig. Das Sperma zurückzuhalten, hat auch die Wirkung, die Stimme angenehmer zu machen, was wohl bekannt ist. Im alten Rom empfahl man den Rednern sexuelle Abstinenz am Abend vor einer Redeschlacht, einem Gerichtsprozess oder einer politischen Versammlung. Was ist die Philosophie denn anderes, wenn nicht jeden Tag dem Gedanken eines Anderen Trotz zu bieten, also ein beständiger argumentativer Streit? Um die *Kritik der reinen Vernunft* schreiben zu können, jeden Tag ein bisschen, benötigt man soviel Energie wie für einen rhetorischen Wettstreit. Beischlaf am Vorabend – nicht dran zu denken!

SECHSTER VORTRAG

Das Ding an sich – ganz nackt

Das Erhabene und das Obszöne

Wenn man Kant sein ruhiges Leben vorwirft, so wirft man ihm im Grunde vor, keine Krisen gekannt zu haben. Ein Mensch, der keine Krise kennt, verdiente er als ein solcher angesehen zu werden? Und wie steht es um einen Philosophen, der keine innere Revolution erfahren hat, diese Umdrehung des Lebens, in den sich der Grund der Wahrheit einprägt? Die Griechen gaben diesen Augenblicken, in denen das Seiende eine Wendung unter dem Ansturm des Geistes erfährt, den Namen *epistrophe* und die Christen *conversio*. Die Geschichte der Philosophen erzählt uns von den Konversionen des Augustinus im Garten von Mailand, von denen des Descartes während einer Nacht, in der ein Ofen glühte, von Jean-Jacques Rousseau auf der Straße von Vincennes, von Nietzsche auf dem Weg nach Sils-Maria.[43]

Was für eine Krise hat Kant gekannt? Man kann von einer solchen keine Spur entdecken.

Der Begründer der *kritischen* Philosophie soll selbst keinen *kritischen* Augenblick erlebt haben ... – das gäbe eine hübsche Paradoxie ab!

Aber das ist eine unzutreffende Sicht der Dinge.

Kant hat sich ausführlich über existentielle Krisen ausgelassen, die das Individuum manchmal ergreifen. Diese ganz besonderen Augenblicke nennt Kant das *Erhabene*.

Was ist nun das Erhabene?

Es ergreift uns, wenn wir auf dem Boden liegen, zu Staub zerfallen angesichts dessen, das uns überragt. Dann existieren wir eigentlich nicht mehr. Es ist wie ein kleiner Tod, wenn uns die Erfahrung des – nicht göttlichen – Transzendenten berührt ...

Kant gibt die folgenden Beispiele:

»Kühne überhangende gleichsam drohende Felsen, am Himmel sich auftürmende Donnerwolken, mit Blitzen und Krachen einherziehend, Vulkane in ihrer ganzen zerstörenden Gewalt, Orkane mit ihrer zurückgelassenen Verwüstung, der grenzenlose Ozean, in Empörung gesetzt, ein hoher Wasserfall eines mächtigen Flusses u. dgl.«[44]

Ironischerweise sind diese erstaunlichen Naturphänomene nie von Kant mit eigenen Augen gesehen worden! Oder hatte er in seinem Leben je die Gelegenheit, Vulkane, Orkane, den unermesslichen Ozean vom Sturm aufgewühlt sehen zu können, er, der noch nicht einmal zu Schiff auf der Ostsee gefahren ist?

Man muss also davon ausgehen, dass Kant eine innere Erfahrung machte, die sein Leben radikal veränderte.

Das Erhabene ist ein Kardinalbegriff, der wie ein Leuchtturm den Weg zum Kantismus weist und der sich insgesamt durch seinen Bezug zum Begriff des Schönen definiert. Der Gegensatz schön/erhaben strukturiert das Kantische Universum so wie die Dichotomien roh/gekocht, hart/weich, trocken/feucht etc. dem Universum wilder Stämme eine begriffliche Ordnung geben. Im Kantischen Dschungel wird man nie fehlgehen können, wenn man sich an diesem zweipoligen Kompass »schön/erhaben« orientiert.

Es gibt unterschiedliche Arten des Erhabenen. Vom Erhabenen der Natur hörten wir soeben einige Beispiele. Aber es gibt auch das Erhabene beim Menschen, und ihm zugeordnet ein Erhabenes der Sexualität. Dies entsteht bei der Betrachtung des Geschlechtes, noch genauer: bei der Betrachtung des weiblichen Geschlechtsteils, der Vulva. Vulkan, Gewitter, Zerstörungskraft ... Da kommt alles zusammen! Wir befinden uns jetzt auf dem richtigen Weg zum großen Schrecken!

Erinnern wir uns der Göttin Demeter, wie sie das Verschwinden ihrer Tochter Persephone beweint. Völlig niedergeschlagen sieht sie die alte Baubo sich nähern, ihren Rock anheben und ihre Scham zeigen. Dieser Anblick lässt die trauernde Mutter vor Lachen erschüttern. Welch ein Wechselspiel der Stimmung! Das Erhabene ist ein mächtiger Bekehrer.

Unter seinen verschiedenen Namen, die das Erhabene besitzt, muss man auch seinen problematischsten aussprechen: Das Obszöne, das in die Kategorie des Heiligen und Schrecklichen gehört. Es handelt sich um dieselbe Ambivalenz: Es zieht an und stößt zugleich ab.

Das pornographische Schauspiel erleben wir unter denselben Bedingungen wie das Schauspiel des Erhabenen: In Sicherheit, als geschützte Zuschauer, als Voyeure, die es sich bequem machen können.

Umgekehrt kann das natürliche Erhabene, das der entfesselten Elemente, sexuelle Affekte auslösen. In dem Buch *Die Leiden des jungen Werther* erzählt Goethe, wie Gewitter und Donner bei den Salondamen - wir befinden uns am Ende des 18. Jahrhunderts - gewaltige Wirkungen auslösen: Sie fallen in Ohnmacht, stoßen spitze Schreie aus und Seufzer. Diese Damen befürchten die Vernichtung, aber erhoffen sie auch zugleich. Das Gewitter ist ein Versprechen auf den kleinen Tod. Ich selbst habe bei gewissen Damen der heutigen Zeit dieselbe Furcht vor der Elektrizität bemerkt.

Wie das Erhabene kündigt das Obszöne den Verlust des Selbst an. Das Erhabene befindet sich in einem Gegensatz zum Schönen, nicht wie das Sein zum Schein, sondern wie das Verschwinden zum Erscheinen.

[...]

Es gibt ein Heilmittel gegen diesen Verlust: Die Konstruktion einer Hülle. Philosophen nennen diesen Kokon *System* und weihen seinem Weben ihr Leben. Es ist ein Mittel gegen Zerbrechlichkeit. Alle Philosophen, die Systeme errichtet haben, verspürten ein intensives Gefühl der Zerbrechlichkeit und Unsicherheit. Spinoza, Kant, Hegel: Sie alle hatten nichts Soziales an sich, sie benötigten ein Dach und Mauern, sie panzerten sich mit Begriffskonstruktionen.

[...]

Die unverschleierte Wahrheit

Jede Darstellung der Kantischen Philosophie beginnt mit der Unterscheidung von Noumenon und Phänomenon. Es ist an der Zeit, darüber zu reden, besonders über dieses *Ding an sich*, einen Gegenstand, der ist, und als solcher absolut wirklich ist, den Kant Noumenon nennt und der existiert, aber von dem nichts erkannt werden kann.

Es handelt sich um eine äußerst merkwürdige Erkenntnistheorie! Es ist so, als habe es die Wissenschaft mit »Dingen« zu tun, die durch Dauer und Stabilität ausgezeichnet sind. Die moderne Wissenschaft hingegen untersucht nicht isolierte »Dinge«, sondern Relationen, Ströme, Felder und Systeme. Was Kants Noumenon angeht, so betreibt er einen erstaunlichen Fetischismus des »Dinges«.

[...]

Das Ding ist das Geschlecht - das ist ganz offensichtlich. Wir *können* das Ding an sich nicht kennen, unterrichtet uns Kant: Wir sind nicht dazu *fähig*, aber vor allem sind wir nicht dazu *befähigt*. In dieser Geschichte sind eine Moral und ein Wunsch enthalten; so schreibt er in der *Kritik der reinen Vernunft*: »Es hieße, einen Fehler zu begehen, die Erscheinung mit dem Phänomen zu verwechseln.«* Was hat hier der Be-

* Vgl. z. B.: »Die Kritik dieses reinen Verstandes erlaubt es also nicht, sich ein neues Feld von Gegenständen, außer denen, die ihm als Erscheinungen vorkommen können, zu schaffen, und in intelligibele Welten, sogar nicht einmal in ihren Begriff, auszuschweifen. Der Fehler, welcher hiezu auf die allerscheinbarste Art verleitet, und allerdings entschuldigt, obgleich nicht gerechtfertigt werden kann, liegt darin, dass der Gebrauch des Verstandes, wider seine Bestimmung, transzendental gemacht und die Gegenstände [...] sich nach Begriffen, nicht aber Begriffe sich nach möglichen Anschauungen [...] richten müssen.« (KrV, Von der Amphibolie der Reflexionsbegriffe, B 346, A 289.)

griff des Fehlers zu bedeuten, wenn damit nicht zugegeben wird, dass die Erkenntnistheorie untrennbar ist vom *Verhalten* der Vernunft. Sich der Metaphysik anzuvertrauen, ist schlimmer als ein Irrtum - man begeht einen Fehler. Fehler gibt es, weil es Begierden gibt: Wir wollen das Ding sehen, so wie es an sich ist. Dieser Trieb, diese Art, unter die Röcke der Realität zu schauen, stellt ein zwanghaftes Verhalten des Philosophen dar. Die »Kritik« ist eine Therapie, die von Doktor Kant erfunden wurde, um diese voyeuristische Begierde zu zügeln, ohne sie jedoch auszumerzen.

Ist nicht gar dieser Schleier, der über das ominöse Ding geworfen wird, der Gipfel der Erotik? Kant lässt uns nur einen flüchtigen Blick auf die Wahrheit werfen; er tut dies in einem Spiel, das Nietzsche in starken Worten resümiert hat: »Wir glauben nicht mehr daran, dass Wahrheit noch Wahrheit bleibt, wenn man ihr den Schleier abzieht.«[45]

Dieses voyeuristische Bedürfnis nach Wissen, das zwar immer wieder enttäuscht wird, ist die Triebkraft der Gelehrten aus dem vorigen Jahrhundert, die nur allzu gerne in ihrem wissenschaftlichen Leben den Asketen spielten: Keine Frauen im Labor oder in der Fakultät, kein Sex, rein gar nichts außer der Wahrheit!

Man kennt aber die Kehrseite dieser asketischen Spezies: das Bordell. Die Wahrheit, die man gerne ganz nackt hätte - nachdem man alle Experimente und Spekulationen durchlaufen hat -, man wird sie endlich zwischen den Beinen der Prostituierten finden, die eine Spezialistin des »Dings an sich« ist. Unsere Ahnen haben übrigens ihre Geheimnisse öffentlich preisgegeben. Betrachten Sie nur den Dekor in ihren Fakultäten oder in ihren Hörsälen. Überall an den Wänden und an der Decke sind gar nicht oder nur spärlich bekleidete Frauengestalten! Musen, Göttinnen und entkleidete Nymphen als Fresken in der Sorbonne - sie sind direkt einem Bordellsalon entstiegen. Der Künstler hat nur von dem Ding an sich dieser Mädchen die Haare entfernt; die Mädchen hat er für die Zwecke dieser Gewerbe als Vernunft, Mäßigung, Gerechtigkeit, Tugend getauft, wiewohl sie sich in ihrem Zivilleben Mimi, Lulu, Kiki, Fernande etc. nannten.

Der Kantische Philosoph ist ein ganz besonderer Kunde. Er bezahlt für das Ding, aber er verbietet es sich, dieses auch zu berühren.

SIEBTER VORTRAG

Coito ergo sum

Unser Philosoph hat ein Problem mit der Reproduktion der Gattung Mensch. Was er meidet, ist nicht die Sexualität, sondern ihre Konsequenz, d. h. die menschliche Vermehrung, dieser blinde Wille, in seinem Sein zu beharren, den Schopenhauer den WILLEN nannte, diese heftige Leidenschaft, sich fortzupflanzen, eine Leidenschaft, die unsere Willenskräfte und unsere individuellen Triebregungen übersteigt. (Das, was widerlich ist, das ist der *conatus*, ich würde sogar sagen: der *cunnatus*.[46]) Jede lebende Spezies will, dass es von ihr nur so wimmelt, und die Menschheit bildet da keine Ausnahme. Als Individuen haben wir wie durch ein Wunder die Möglichkeit, uns davon frei zu machen. Das heißt dann Keuschheit, die keine Negation des Vergnügens, sondern der Fortpflanzung ist.

Ob nun das Vergnügen aus dem Intellekt oder aus der unteren Bauchregion stammt, macht keinen Unterschied. Die Sexualität hat nun einmal das Besondere an sich, dass sie das Individuum treibt, zum Wohle der Gattung tätig zu werden. Wir verstopfen uns die Ohren, um nicht den Unterton unseres Liebesgeflüsters oder unserer wunderschön eingespielten Romanzen zu hören, der wie ein Basso continuo das tosende Leben ausdrückt, das seinen Preis fordert.

Während des Koitus erniedrigt sich der Mensch auf das tierische Niveau, aber nicht etwa, weil ihn die Lust ergreift, sondern weil er dem Instinkt der Fortpflanzung gehorcht.

Es gibt ein Mittel, diesem traurigen Schicksal zu entrinnen.

Es ist die Philosophie.

Wenn die meisten Philosophen unverheiratet geblieben sind, dann aus dem Grunde, um davon Zeugnis abzulegen, dass sich die letzte Bestimmung der Menschheit nicht in der

Fortpflanzung erschöpft. Wir sind keine Köter, wir sind keine Pantoffeltierchen*, wir sind auch keine Karnickel. Philosophie ist die Affirmation dafür, dass es auch eine nicht-sexuelle Form des Fortbestehens gibt. Die philosophischen Hinterlassenschaften verzichten auf Gene.

Ich muss nun erklären, mit welch außergewöhnlichen Mitteln sich die Philosophen reproduzieren.

Ich wiederhole: Sie penetrieren nicht, sie retirieren. Dieser Rückzug hat einen Namen: Melancholie.

Man kann Melancholie als eine Krankheit der Einsamkeit definieren. Der Griesgrämige wahrt freiwillig Abstand. Auf diese Weise entsteht das Wunder der *vita contemplativa*, der Lebensweise, die dem Nachdenken gewidmet ist. Auf dem Grunde dieser Einsamkeit bilden sich Tausende von Verbindungen. Der Nachteil wird zu einer Kraft. Die Krankheit, die isoliert, wird zu einer Krankheit, die verbindet. Die Melancholiker, die durch die schwarze Galle vergiftet sind, finden sich als Träger der mit *Sternen besetzten Lauten* in der großen Familie der Saturnanhänger wieder.[47]

So entsteht eine Gemeinschaft, die der Zeit die Stirn bietet. Als Mitglied dieser schreibenden Zunft vermehren sich die Philosophen untereinander, ohne Sex, mit komplexen Mitteln, die Zugehörigkeit, Agrégation**, Freundschaft heißen.

Ihre Gebärmütter sind Schulen, Bankette, Salons, Universitäten. Man sieht, wie sich diese Zunft ohne Blutsbande vermehrt! Philosophieren bedeutet, der Gemeinschaft geistiger Väter beizutreten, so zu tun, als könnte man auf Mütter verzichten, sich nicht im Uterus, sondern im Geiste fortzupflanzen, ohne Samen, aber mit dem Pneuma.

* Paramecium, Gattung der Protozoen (Stamm Ciliophora); ihre haarähnlichen Ausstülpungen (Cilien) erinnern an Mund und After höherer Lebewesen; ihre Fortpflanzung kann sexuell oder asexuell (durch Zellteilung) erfolgen.

** Staatliches Auswahlverfahren in Frankreich, das zu einer Lehrbefähigung, festen Anstellung und Pension berechtigt.

Ist denn eine solch besondere Spezies unverheirateter und keuscher Individuen nötig, die den Entschluss gefasst haben, sich nicht zu vermehren, auf die zweifelhaften Freuden der Ehe zu verzichten und sich der Verbreitung der Kenntnisse, d. h. der Kultur, zu weihen?

Ohne diese Männergruppe wäre die Menschheit eine ganz ordinäre Herde, die über kein anderes Gedächtnis als das der Gene verfügte, sie wäre nur eine Tiergattung unter vielen anderen, lediglich ein Kollektivwille, dem es ausschließlich darum geht, seinem Dasein verhaftet zu bleiben und sich zu vermehren.

So müsste man auf den Kardinaleinwand antworten, den ich zu Beginn meiner Vorträge erhob. Ja, Kant kann ohne einen Widerspruch zu seiner eigenen Moralvorstellung unverheiratet bleiben. Sein Zölibat bedroht auch nicht die Reproduktion der Gattung. Im Gegenteil: Die Philosophie gibt der Menschheit den geistigen Samen. Der Samen ist die Tinte; sie ist die wahre fruchtbare Flüssigkeit, Nachfolgerin der schwarzen Galle. Lesen und Schreiben sind die elementaren Taten des Philosophen, der nun einmal ein Mann der Bibliothek ist. Das Buch ist ein lebender Organismus, der etwas ihm Gleiches erzeugt: Andere Bücher in der Gestalt von langlebenden Kommentaren und ausufernden Interpretationen.

Auf diese Weise verfügen die Philosophen über ihre schwarze Galle, so »spinnen« sie ihre Melancholie und tragen ihren Teil zur Vermehrung des Menschen bei. Man möge nur nicht irgend etwas Anderes von ihnen verlangen! Ganz besonders nicht, dass sie heiraten und Kinder in die Welt setzen!

So stellt sich die Frage nach den Bedingungen der Möglichkeit einer Kantischen Nachkommenschaft. Wir müssen uns nun fragen, ob der Kantismus einen Stammbaum begründen kann.

Ich werde zwei Arten von Philosophen unterscheiden: Die in Einsamkeit und die in Gemeinschaft Lebenden, solche, die ohne Nachkommen sterben – ich verstehe dies im Sinne geistiger und nicht fleischlicher Nachkommenschaft –, und solche, die Schulen gründen. Was diese letztere, fruchtbare Kategorie angeht, so gehören zu ihr die Platoniker und Marxisten – man könnte sie auch platonische und marxistische Philosophen nennen –, denn diese Adjektive signalisieren schon zur Genüge, dass man sich in der Gegenwart einer Bewegung befindet, einer Partei, die durch die Theorie begründet und befruchtet ist und die Generationen von treuen Anhängern hervorgebracht hat. Tatsächlich gibt es eine marxistische *Bewegung*, es gibt auch eine platonische *Akademie*, aber es gibt keine Nietzscheanische *Schule* oder eine Schopenhauernde *Partei* oder die Spinozistische *Internationale*. Es hat den Anschein, als sei für Nietzsche, Schopenhauer und Spinoza ihr Ausgangspunkt auch ihr Endpunkt gewesen. Solche irrfahrenden philosophischen Ritter hinterlassen keinen Familiengeist. Sie sind letzte Ableger. Sie beschließen die Folge im Geschlecht der Melancholiker.

Eine sorgfältige Untersuchung ihres Werkes würde mit Sicherheit die Samenzelle zum Vorschein bringen, die ihr Pneuma sterilisiert. Aber eine derartige Analyse ließe uns von unserem Thema, das heißt: von Kant, abkommen …

Zu welcher Kategorie gehört unser Philosoph? Ohne Zweifel gehört er der ersteren an … Es gibt keine Kantische Bewegung. Immanuel ist kein Gründungsvater einer Dynastie. Zugegeben, man liest ihn noch und verfasst auch Kommentare und verlegt ihn auch weiterhin – es handelt sich also um eine relative Sterilität, die dennoch nicht Ursprung einer Bewegung geworden ist. Könnte man nichtsdestoweniger eine Kantische Gemeinschaft gründen, die sich von seinen Prinzipien inspirieren lässt? Schließlich geht es um diese Frage, die ja Grund Ihrer Einladung an mich war.

Ich sagte vorhin, dass der Kantismus eine Lebenskunst ist. Besteht sie aber aus einer Rezeptsammlung, die man nur entsprechend befolgen müsste? Eine Pfeife um sechs Uhr morgens, an jedem Tag ein nachmittäglicher Spaziergang? Ich versichere: Dies stünde in einem kontradiktorischen Verhältnis zum Wesen des Kantismus.

Bedenken Sie doch, dass dieser Kantische Spaziergang vor allem ein Ausdruck der Einsamkeit ist. Wenn es regnet, kann man gerade noch die Gegenwart eines Domestiken, eines Lampe oder irgendeines Lampisten tolerieren, um den Regenschirm zu halten ... Aber, bitte, keine Unterhaltung ...! Kein Spaziergang in Begleitung ... Denken wir an die Mahlzeiten: Da die Zahl der Gäste nicht die Sieben überschreiten darf, ist es offenkundig, dass Bankette – als Geburtsstätten der Philosophie – keinen Platz im praktischen Kantismus haben. Man ahnt auch, dass mit Kant weder ein Kränzchen gebildet werden kann noch ausgerechnet Kant als Stammhalter herhalten konnte.

Man muss aber noch weiter gehen. Ich gestehe, dass es auch gefährlich wäre, so wie Kant zu leben. Man müsste schon so abgehärtet und heroisch sein wie er. Das alles ist nicht in Reichweite einfacher Sterblicher, und ich werde morgen erläutern, weshalb dem so ist.

ACHTER VORTRAG

Der Tag und die Nacht

Kant betrat das Königreich der Nacht mit unendlich großer Vorsicht: »Beim Schlafengehen setzte er sich erst ins Bett, schwang sich mit Leichtigkeit hinein, zog den einen Zipfel der Decke über die eine Schulter unter dem Rücken durch bis zur andern und durch eine besondere Geschicklichkeit auch den andern unter sich, und dann weiter bis auf den Leib. So emballiert und gleichsam wie ein Kokon eingesponnen, erwartete er den Schlaf«.[48] Eingesponnen wie in einem Kokon. Oder wie in einer Zwangsjacke … Oder wie jene Heranwachsenden, die man in den zeitgenössischen Internaten auf diese Weise am Masturbieren hinderte! Aber er tat dies freiwillig! An Händen und Füßen gefesselt!

Kant ist eine Bombe, die sich selbst daran hindert zu explodieren. Was geschieht, wenn ein böser Geist den Sarkophag öffnet? Was geschieht, wenn der Philosoph den Schlaf erwartet, ihn aber nicht kommen sieht? Kants Schlaflosigkeit zeugt Missgeburten der Vernunft.

Sie alle kennen diese chinesischen Leckereien, die in ihrer Teigumhüllung einen Spruch enthalten. Wenn man den Kantischen Kokon zerbricht, welche Art von Geschichten wird man dort finden? Ohne Zweifel werden es scheußliche Szenarien sein. Es liegt mir die Vorstellung völlig fern, die hehre Gestalt, die uns vereint, herabzuwürdigen. Ich will mich nur einem Gedankenexperiment hingeben. Ich würde gerne nur für uns heute Abend, nur für unseren geschlossenen Kreis und auch nur für wenige Minuten die Krankheitskeime des Kantismus züchten, so wie es ein Biologe in seinem Labor tut. Bleiben Sie bitte ruhig, sollte auch nur das Geringste passieren, während wir die Manipulationen ausführen, besteht die

Gefahr, dass der ganze Planet verseucht wird! *(Einige nervöse Lacher im Publikum.)*

Wir sind im Haus des Philosophen, das in der Prinzessinnenstraße liegt. Königsberg ist schon zu Bett gegangen. Der Mann schält sich vorsichtig aus seinem Schlafkokon, zieht sich an, steigt geräuschlos die Treppe hinab, um seinen Diener nicht zu wecken, und verlässt das Haus, eng an den Mauern entlang. Er taucht in die Nacht ein und beginnt seinen Spaziergang auf dem unabänderlichen Weg. Die Käuze und Eulen sind daran gewöhnt, diese Silhouette immer zur selben Zeit vorbeiziehen zu sehen. Auf einer öffentlichen Bank, immer auf derselben, lässt sich unser Spaziergänger nieder, so, als hätte ihn Übelkeit ergriffen. Er denkt: »Zwei Dinge erfüllen mir das Gemüt mit immer neuer und zunehmender Abscheu: Der Wahnsinn in mir und die schwarze Nacht über mir.«[49] Er betrachtet das Dasein mit Abscheu, nicht etwa diesen oder jenen Aspekt, sondern das Dasein an sich: Es ist vulgär, grundlos, zufällig. In ein Notizbuch kritzelt er: »Der Hass, der Abscheu zu existieren, dies sind so verschiedene Weisen, die mich existieren lassen, die mich in meine Existenz hineinzwingen; [...] mein Speichel ist verzuckert, mein Körper lau; ich fühle mich schal [...].«[50]

In anderen, mondlosen Nächten schlägt der Mann eine andere Richtung ein. Er entfernt sich von seinem Haus, um an einer mit einer roten Laterne markierten Türe eines Hauses zu klopfen, das am Ende einer Sackgasse liegt. Er ist hier Stammkunde. Er kommt, um von der Hausherrin zu erfahren, ob es ein paar frisch angekommene Mädchen gibt. Man führt ein Doppelleben: Tagsüber der respektable Philosoph, des Nachts der verdorbene Lebemann.

Vielleicht zieht er es sogar vor, die kleinen Jungs zu haben ... Dieser Junggeselle, der nie eine Frau in seinem Bett hatte, weder Gattin noch Geliebte, der mit einem Diener lebt und nicht mit einem Dienstmädchen, er bevorzugt womöglich die homoerotischen Ausschweifungen. Der Kantische Spaziergang biegt ab in die Richtung der schlecht beleumundeten, von unsteten Silhouetten bevölkerten öffentlichen Gärten auf der Suche nach heimlichen und schimpflichen Begegnungen.

Vielleicht führt die Kantische Grausamkeit, die gegen sich selbst gerichtet ist, diese vom Pflichtgefühl getrübte Liebe, die man sich auferlegt und die einen plagt, den »eleganten Magister« zu irgendeinem heimlichen, grässlichen Treffen, wo die Peitsche knallt und das Blut fließt.

Vielleicht ist dieser Mann einfach nur irgendein Dandy. Seine Schrullen, die Sorgfalt, mit der er sich selbst beobachtet, diese absolute Originalität, diese Stilisierung seines Daseins – all dies wäre in diesem auslaufenden 18. Jahrhundert ein genialer Vorgriff auf einen Brummell oder einen Baudelaire, diese großen melancholischen Künstler.

Vielleicht kehrt unser Kantischer Doppelgänger zu den Vergnügungen seiner Jugend zurück und erleuchtet sein Gehirn im Kontakt mit den Toten an von Geisterhand bewegten Tischen. Er befände sich da nicht unbedingt in schlechter Gesellschaft. Die größten Geister des 19. Jahrhunderts waren ganz vernarrt in den Magnetismus, in das Paranormale; der große Schopenhauer liebte spiritistische Séancen. Im Übrigen genügt es, nur ein wenig die Welt der *Noumena* zu verzerren, um ein Königreich mit andersgearteten, tiefdenkenden Bewohnern zu schaffen, allerdings mit anderen Regionen als den irdischen von Raum und Zeit, zu denen man über Telepathie und durch ein Medium Zugang finden kann. Das Kantische *Noumenon* ist gar nicht so weit von unserer *Sciencefiction* entfernt.

Schließlich, im Sinne einer teuflischen Apotheose, könnte man Zeichen für Zeichen die Kantische Moralität umkehren: Das Gute ist das Böse und das Böse ist das Gute. Dann erhielte man die Regeln, die man nur zur Genüge in diesem 20. Jahrhundert kennt:

»Töte auf die Weise, dass dein Mord der ganzen Menschheit zum Modell werden kann.«

Oder: »Begnüge dich nicht damit, jeden zu töten, sondern strebe an, dass jeder jeden töten will.«

Oder auch diese Maxime: »Ermorde auf die Weise, dass sich dein individueller Mord auf die gesamte Menschheit übertragen lässt.« Ich sage nicht, dass der Faschismus dem Kantismus entstammt; ich sage, dass auch im Kantismus, wie in einer jeden Morallehre, die eine Vision des Universellen hat, ein Keim der Perversion enthalten ist; diesen zu aktivieren, würde ausreichen, den Genozid und die Massenvernichtung zu erhalten.

Oder ...

Aber hier möchte ich mit meinen Manipulationen aufhören.

Sie sehen, dass es sehr viel besser ist, dass Kant steril bleibt. Er hätte nur verfluchte Söhne und widerwärtige Ableger haben können.

Hüten wir uns, den Kokon des Philosophen zu zerreißen!

Die Rückkehr der Marie-Charlotte

Kant ist der Philosoph der Beschränkung. Weder im Jenseits noch im Diesseits, weder rebellierend noch unterwürfig – er lebt innerhalb des Ungleichgewichts im Gleichgewicht und riskiert dabei ständig den fatalen Absturz. Er ist zu anständig, um Regelwidriges zu tun, und zu regelkonform, um anständig zu sein.

Der kritische Philosoph balanciert auf einem stramm gespannten Seil zwischen zwei Abgründen, einer unter, der andere über ihm. Auf diese Weise muss man die drei monumentalen *Kritiken* lesen: Als eine therapeutisch verordnete Kur für einen zerrissenen Menschen, einen Seiltänzer zwischen Vernunft und Unvernunft, der Tag für Tag die Forderungen verspürt, die das Erhabene und das Schreckliche an ihn stellen.

Ich hoffe, dass ich Ihnen nicht ohne Erfolg demonstrieren konnte, dass die Kantische Sexualität nicht in seinem Leben, sondern in seinem Werk zu finden ist. Die eigentliche Schwierigkeit besteht darin, dem »Ding an sich« die Stirn zu bieten.

Ich sagte soeben, dass der Kantismus ein Bündel von Szenarien beinhaltet. Ich würde gerne, um zum Schluss zu kommen, Ihnen eines der weniger schrecklichen präsentieren.

Gestatten Sie mir die Vorstellung einer Rückkehr jener Marie-Charlotte nach Königsberg. Ja, jene dreiste, gebildete Frau, die seit Berlin Kant Avancen machte ...

Sie bekommt nun ihren Platz im Heim des Philosophen.

Nicht notgedrungenermaßen in seinem Bett, auch nicht auf dem zweifelhaften Thron, den eine Gattin innehat.

Sie hätte gut die Seele seines Salons sein können.

Sie hätte es verstanden, mit ihrer Anmut und ihrem Geist die Unterhaltung bei Tisch zu beleben. Sie hätte es verstanden, die Herren anzuregen, über die ernsthaftesten Themen zu sprechen, und dies in einem äußerst unbeschwerten Ton, der nichts Pedantisches an sich hat. Sie hätte sich in ihrer herzlichen Art über dieses philosophische Kerlchen lustig gemacht, das vorgab, alles über die Sitten der Kalmücken, den Blitzableiter und den Ursprung unserer Milchstraße zu wissen. Diesen Kant, der einen Widerspruch nicht ertragen konnte, hätte sie aufgelockert. Eine kultivierte Dame des 18. Jahrhunderts hätte gewusst, wie dies zu bewerkstelligen sei.

Sie hätte ihm begreiflich machen können, dass man die Wahrheit nicht besitzen kann – genauso wenig wie eine Frau.

Sie hätte ...

Meine Damen und Herren, ich danke Ihnen für Ihre Aufmerksamkeit.

ENDE

Nachwort der Herausgeber und Übersetzer

Sie hätte …
Er hätte …
Botul hätte bei Kenntnis des Nachwortes
der Herausgeber und Übersetzer dieses Buches
Kant
auch anders beurteilen können …

Ein Autor wird während des Schreibens von der Vorstellung seines idealen Lesers begleitet. Er überlegt, wie sein Leser sprachlich geködert, mit bestimmten Aussagen interessiert werden kann. Entsprechendes spielt sich beim Käufer seines Buches ab. Ein bestimmtes Interesse, meist aufgrund des Titels, ist geweckt und eine Erwartung an die Lektüre baut sich auf. Wie können sich beide, Autor und Leser, treffen, ohne einander zu enttäuschen? Denn dass mit dem Titel des vorliegenden Buches Missverständnisse erzeugt werden können, liegt auf der Hand: Der ernsthafte, philosophisch Gebildete würde durch irgendwelche Schlüpfrigkeiten aus dem Leben des tadellosen Kants verärgert. Der voyeuristisch veranlagte Leser dürfte enttäuscht sein, wenn Kant nicht in einem Atemzug mit dem philosophischen Marquis de Sade oder dem weniger philosophischen Casanova genannt werden kann. Auch ist nicht zu vermuten, dass der ideale Leser dem entspräche, den De Quincey sich vorstellte, als er leichthin schrieb:

> *Es steht für mich fest, dass jeder Gebildete der Lebensgeschichte Immanuel Kants ein gewisses Interesse entgegenbringen wird, so wenig ihn Neigung und Gelegenheit auch mit Kants philosophischen Ansichten vertraut gemacht ha-*

ben mögen. Ein großer Mann muss - selbst wenn er auf wenig verständlichen Wegen wandelt - stets Gegenstand allgemeiner Wissbegierde sein. Einen Leser Kant gegenüber für völlig gleichgültig zu halten, hieße, ihm jedes geistige Interesse abzusprechen; damit - selbst wenn er tatsächlich nicht an Kant interessiert sein sollte - wäre es ein Gebot der Höflichkeit, ihn dafür zu halten.[*]

Nun, De Quincey nahm täglich 8000 Tropfen Opium ...

Von dem Autor des vorliegendes Werkes weiß man, dass er am selben Tag gestorben ist, an dem er auch geboren sein soll. Von seinem Übersetzer Pagès weiß man, dass er hauptsächlich an der großen französischen satirischen Zeitschrift *Le Canard enchaîné* mitarbeitet ...

Wie könnte also nun der ideale Leser beschaffen sein, den die Thematik »großer Philosoph» und »Sexualität« dermaßen interessiert, dass er sogar vorliegendes Buch kauft? Gehen wir methodisch korrekt vor, so schließen wir zunächst die Leserschaft aus, für die das Buch nun wirklich nicht in Frage kommt: Die Leser des Buches »Kant als Liebesratgeber«[**]. Den sachlichen Kern dieses Buches bilden zwei Briefe der philosophisch interessierten Schwester eines Klagenfurter Freiherrn und Unternehmers: Maria von Herbert. Sie schrieb ihren ersten liebes- und sprachverwirrten Brief an Kant im Jahre 1791:

Großer Kant.
Zu dir rufe ich wie ein gläubiger zu seinen Gott um Hilf, um Trost, oder um Bescheid zum Tod, hinlänglich waren mir deine Gründe in deinen Werken vor das künftige seyn, da-

* Thomas De Quincey, *Die letzten Tage des Immanuel Kant*, 1827, dt. München 1984, S. 17.

** Wilhelm Berger/Thomas Macho: *Kant als Liebesratgeber - Eine Klagenfurter Episode*, Klagenfurter Beiträge zur Philosophie, Wien 1989.

her meine Zuflucht zu dir, nur vor dieses leben fand ich nichts, gar nichts, was mir mein verlohrnes Gut ersezen könnt, den ich liebte einen gegenstand der in meiner Anschauung alles in sich faste, so das ich nur vor ihn lebte er war mir ein gegensaz vor das übrüge, dan alles andere schien mir ein Tand und allem Menschen waren vor mich wie auch wirklich wie ein gwasch ohne inhalt, nun diesen gegenstand hab ich durch eine langwirige lug beleidigt, die ich ihn jetzt entekte, doch war vür mein karakter nichts nachteihliges darin enthalten, dan ich habe kein laster in meinen leben zu verschwiegen gehabt, doch die lug allein war ihn genug, und seine liebe verschwand, er ist ein Ehrlicher Mann, darum versagt er mir nicht Freindschaft und treu, aber dasjenige innige gefühl welches uns ungerufen zu einander fürte ist nicht mehr, o mein Hert springt in Tausend stük, wen ich nicht schon so viel von ihnen gelesen hätte, so häte ich mein leben gewis schon mit gewalt geändet, so aber haltet mich der schlus zurük den ich aus ihrer Tehorie ziehen muste, das ich nicht sterben soll, wegen meinen quelenden leben, sondern ich solt leben wegen meinen daseyn, nun sezen sie sich in meine lag und geben sie mir trost oder verdamung, metaphisik der Sitten hab ich gelesen samt den Kategorischen inperatif, hilft mir nichts, meine vernunft verlast mich wo ich sie am besten brauch eine antwort ich beschwöre dich, oder du kanst nach deinen aufgeseten imperatif selbst nicht handln.

*Die adres an mich ist Maria Herbert in Kärntn a Klagenfurt bei der Bleiweis Fabriek abzugeben wen sie es lieber den Reinhold (einschicken) wollten weil die bosten da doch (sicherer?) sind.**

* Maria von Herbert an Immanuel Kant, August 1791 (Kant, Akademieausgabe, AkA, XI, Berlin 1900ff.).

Erst nachdem viel Zeit verstrichen war, antwortete Kant im Frühjahr 1792:

*Ihr affektvoller Brief aus einem Herzen entsprungen das für Tugend und Rechtschaffenheit gemacht sein muss weil es für eine Lehre derselben so empfänglich ist die nichts Einschmeichelndes bey sich führt reißt mich dahin fort wo sie mich hin verlangen namlich mich in ihre Lage zu versetzen und so über das Mittel einer reinen moralischen und dadurch allein gründlichen Beruhigung für sie nachzudenken …**

Diese vorsichtig formulierte moralphilosophische Erwiderung war aber offensichtlich nicht dazu angetan, zu einer abschließenden Zufriedenheit der Dame zu führen, da sie einen weiteren, diesmal deutlicheren, Brief an ihn absandte:

… so fodere ich ihr gefühl des Wohlwollens auf, mir etwas an die Hand zu geben, womit ich diese unerträgliche leere auf meiner Seele schaffen könnt, wenn ich dan, ein tauglicheres Glied der Natur werde, und meine Gesundheits umstände mir's Vergönen, so bin ich willens in etlichen Jahren eine Reise nach Königsberg zu machen, wozu ich jedoch im voraus um die Erlaubnus bey ihnen vorzukommen ansuchen will, da müsten sie mir ihre Geschiechte sagen, dan ich möchte wießen, zu welcher lebensweiße ihre philosophie sie führte, und ob es ihnen auch nicht der Muhe werth war, sich ein Weib zu nehmen oder sich irgend wem von ganzen Herzen zu widmen, noch ihr Ebenbild fortzupflanzen, ich hab ihr Porträt bei Bause in stich bekomen … errathen sie meinen einzigen Sinnlichen Wunsch, und erfüllen sie im …

In diesen Briefen finden wir die Gesichtspunkte, von denen sich die Botul'schen Vorträge inspirieren lassen: Sinnlichkeit,

* Briefe, AkA XI, Nr. 510 [478].

Erotik, Sexualität, Fortpflanzung etc. Ein kleinstädtischer Ort, Klagenfurt, beherbergt einen Lesezirkel, der sich mit den Schriften des renommierten Kant beschäftigt, und verwandelt sein philosophisches Interesse in ein erotisches an den Philosophen. Die Klagenfurter Bürgerstube bekommt das Flair eines Pariser Salons voller »Galanterie, Amüsement, Esprit«*.

In einem solchen Klagenfurter Salon nun, so die Unterstellung, ist unser idealer Leser nicht zu finden. Unser idealer Leser bleibt Philosoph, auch wenn er sich für die Philosophen interessiert. Er verspräche sich keinen philosophischen Gewinn von einem »didaktischen« Experiment**, ein Rollenspiel zu veranstalten und als ein moderner Kant an jene unglücklich verliebte Maria Herbert einen sensibleren Brief zu verfassen. Unser idealer Leser weiß schon vorab um den Ausgang eines derartigen Experiments: Sein Ertrag für ein Verständnis der Philosophie Kants ist null und nichtig. Ihm ist klar: Wenn auch ein De Quincey meint, »geistiges Interesse« zeige sich dann, wenn man sich für allgemein anerkannte, berühmte Personen der Geistesgeschichte interessiere, so gerät doch dabei der Anlass der Berühmtheit aus dem Blick. Wenn Kants Philosophie zu einer vernachlässigbaren Größe wird, dann bleibt ein »Mensch wie du und ich« übrig. Die Welt, voller Unterschiede, von Menschen bevölkert, die viel, und solchen, die wenig zur Menschheitsgeschichte beigetragen haben, wird nivelliert auf abstrakt »Menschliches«.

Wer Kant zu einem solchen »Menschen« macht, der sich lediglich hinsichtlich seiner individuellen Eigenschaften, Stärken oder gar Marotten von Anderen unterscheidet, dilettiert nicht in praktischer Philosophie, sondern in praktischer

* So der Untertitel des Werkes von Jacob von Falke: *Der französische Salon*, Bonn 1977.

** *Kant als Liebesratgeber*, op. cit., S. 7; das Experiment wurde mit Studenten in Hamburg und Klagenfurt durchgeführt.

Psychologie. Kant wird einen Leser nur dann enttäuschen, wenn ihm populäre Fragestellungen praktischer Psychologen untergeschoben werden: »Was taugt die Philosophie für die Lebenspraxis, oder: Wie praktisch ist die Praktische Philosophie, oder: Was kann der Philosoph als Ratgeber und Praktiker wirklich ausrichten.«*

Gehen wir zusammen mit »unserem idealen Leser« davon aus, dass Kants Philosophie nicht dazu taugt, Lebenshilfe in Rubriken der Regenbogenpresse anzubieten, obwohl dies selbst einem doch so klugen Walter Benjamin passiert ist, der schreibt:

> *Die wilde Primitivität und die völlig wirre Orthographie dieses Briefes* [sc. der Maria Herbert; d. Übers.], *dem damaligen Leser wohl nicht so ganz ungewohnt, macht auf den heutigen geradezu den kaum noch erträglichen Eindruck eines letzten verzweifelten Todeskampfes. Daraufhin nahm sich Kant vorerst bis Frühjahr 1792 Zeit zu einer Antwort; der unvorhergesehene Ansturm der Leidenschaften mag ihn nicht wenig alteriert haben. Und dann schrieb er ihr einen Brief, der sicherlich der erschütterndste Philosophenbrief aller Zeiten genannt werden darf: erschütternd durch die monumentale Klarheit von Inhalt und Form, noch mehr aber durch die völlige Naivität in der Betrachtung der Geschlechterbeziehung, durch eine kindliche Unwissenheit um die natürlichen Reaktionen der Erotik …***

Wir gehen also im Folgenden davon aus, dass unser idealer Leser trotz der literarisch-philosophischen Autorität eines Walter Benjamins unerschüttert an dem Unterschied zwischen einem Philosophen und einem Therapeuten festhält und von unserem Autoren-Übersetzer-Paar Botul-Pagès er-

* Op. cit., S. 6.

** W. Benjamin, *Unbekannte Anekdoten von Kant*, Gesammelte Schriften, Frankfurt am Main 1991, Band IV.2, S. 812.

wartet, dass der Unterschied zwischen einer ausformulierten Moralphilosophie und dem tatsächlichen persönlichen Verhalten des Moralphilosophen zureichend thematisiert und nicht zuletzt aufgeklärt wird.

Es wird Zeit, Kant selbst zu Hilfe zu rufen. In einem ersten Schritt sei ein Exkurs gestattet, um eine Antwort auf ein verwandtes Problem zu erhalten, das Kant traditionell anhaftet und allgemein mit seiner »Weltfremdheit« bezeichnet wird:

> *Es sei z. B. der Fall: dass jemand ein anvertrautes fremdes Gut (depositum) in Händen habe, dessen Eigentümer tot ist, und dass die Erben desselben davon nichts wissen, noch je etwas erfahren können. Man trage diesen Fall selbst einem Kinde, von acht oder neun Jahren, vor; und zugleich, dass der Inhaber dieses Depositums (ohne sein Verschulden) gerade um diese Zeit in gänzlichen Verfall seiner Glücksumstände geraten eine traurige, durch Mangel niedergedrückte Familie von Frau und Kindern um sich sehe, aus welcher Not er sie augenblicklich ziehen würde, wenn er jenes Pfand sich zueignete; zugleich sei er Menschenfreund und wohltätig, jene Erben aber reich, lieblos, und dabei im höchsten Grad üppig und verschwenderisch …*[*]

Kant hält zwar die bürgerliche Gesellschaftsordnung für die einzig humane, da nur in einer solchen Form Menschen eine Verbindung eingehen, die »an sich selbst Zweck«[**] ist, d. h., dass in ihr keine partikularen, prinzipiell die Gesellschaft auseinanderreißenden Zwecke dominieren. Doch trotz dieser Idealisierung ist sich Kant darüber im Klaren, dass die bürgerliche Gesellschaft Widersprüche aufweist, die sich auf diese zerstörerisch auswirken: Ungleichheit des Besitzes, Wider-

* Kant, *Über den Gemeinspruch: Das mag in der Theorie richtig sein, taugt aber nicht für die Praxis*, 1793, A 226f.

** Op. cit., A 233.

spruch zwischen Grundbesitzern und Arbeitern usw., die es Kant erlauben, sogar das Wort »Rebell«* in die Erörterung einzubringen. Das liegt wesentlich daran, dass zwar einerseits die bürgerliche Gesellschaft die Individuen sozial eint, aber nicht verhindern kann, dass egoistische Zwecksetzungen – hier ist insbesondere der Reichtumserwerb gemeint –, das Ganze der Gesellschaft sprengen können.** (Gleiches gilt auch für das Verhältnis bürgerlicher Staaten untereinander: Sie kämpfen mittels des Krieges um größeren Reichtum!) Dennoch: Selbst all dies zugestanden, so gibt es doch nach Kant keine akzeptablen (wenn auch aufgrund von Erfahrung bestätigten) Gründe, angesichts dieser heftigen Widersprüche in Resignation zu verfallen. Kant vergleicht die scheinbare Unmöglichkeit des friedlichen Zusammenlebens mit einem Beispiel aus der Luftfahrt: Das Scheitern der Fahrt mit dem Fesselballon sei kein Argument gegen die Luftfahrt.***

Wenn also Kant durchaus eine Ahnung von der Selbstzerstörungskraft der bürgerlichen Gesellschaft hat, so ist ihm dennoch die Vorstellung vom Menschen, der gegen seine Vernunft handelt, unmöglich. Das bedeutet für den wackeren Familienvater, dass er das ihm anvertraute Gut zurückgeben muss, weil er sich zeitlebens grämen und mit sich selbst als einem moralischen und vernunftbegabten Wesen nicht mehr in Übereinstimmung befinden würde. Auch hier könnte Kant der Vorwurf der Weltfremdheit gemacht werden. Sind etwa Diebe und Räuber die unglücklichsten Menschen der Welt, da sie sich wegen der geraubten Güter so fürchterlich quälen? *Aber*, so Kant, was hätte es denn für Folgen, wenn wir den Anspruch auf eine universell gültige Moral aufgäben, die ohne

* Op. cit., A 261.

** »Denn, so wohl die Zeitumstände, als auch der sehr einander widerstreitende und dabei immer veränderliche Wahn, worin jemand seine Glückseligkeit setzt [...], macht alle festen Grundsätze unmöglich ...«; op. cit., A 252.

*** Op. cit., A 277.

Wenn und Aber unser Handeln anleiten soll? Das ist nach Kant ein Problem von Theorie und Praxis. Und als Philosoph verkündet Kant, dass allein vernunftgeleitete Erkenntnis Richtschnur einer humanen und richtigen Praxis sein könne:

> *Natur aber und Neigung können der Freiheit nicht Gesetze geben. Ganz anders ist es mit der Idee der Pflicht bewandt, deren Übertretung, auch ohne auf die ihm erwachsenen Nachteile Rücksicht zu nehmen, unmittelbar auf das Gemüt wirkt, und den Menschen in seinen eigenen Augen verwerflich und strafbar macht.*
>
> *Hier ist nun ein klarer Beweis, dass alles, was in der Moral für die Theorie richtig ist, auch für die Praxis richtig sein müsse.**

Der ideale Leser gewinnt allmählich Profil: Er weiß, dass unser Philosoph in seinem privaten Leben schrullig ist. Er hat Humor, da er über diese Schrullen lachen kann. Unser Leser ist vorerst damit zufrieden, dass es sich letztlich um dieses von Kant selbst als Theorie-Praxis-Verhältnis bezeichnete Problem handelt, und weiß, dass es von etwas größerer Dimension ist. Nehmen wir z. B. die Menschenrechte, 1789 in Frankreich verkündet. Sie hatten in der (politischen) Praxis weder für die schwarzen Kolonialvölker noch für die einheimischen Frauen Konsequenzen. Sollten diese Einschränkungen zur Folge haben, dass man zur Überzeugung gelangen dürfte, die Revolution habe selbst dermaßen in der Praxis diskreditiert, dass man die Erklärung der Menschenrechte nicht als ein herausragendes, fortschrittliches Dokument feiern dürfte? Unser idealer Leser weiß also, dass sich das problematische Verhältnis von Theorie und Praxis unter der Hand erweitert hat, und zwar um den Aspekt, dass es in einer komplexen bürgerlichen Welt kein unmittelbares Verhältnis von Theorie und Praxis gibt. Zwischen den Idealen der Französi-

* Op. cit., A 231.

schen Revolution und der täglichen Realität eines Sklaven auf Haiti gibt es Vermittlungsinstanzen: Juristen, Kolonisten, Import-Export-Firmen etc., die aufgrund eigener Interessen einer unmittelbaren Umsetzung dieser Ideale nicht immer sonderlich förderlich sind. Wie soll sich da der Philosoph verhalten, der die Kritik der reinen Vernunft, der Wissenschaft betreibt?

> *Wissenschaft (kritisch gesucht und methodisch eingeleitet) ist die enge Pforte, die zur Weisheitslehre führt, wenn unter dieser nicht bloß verstanden wird, was man tun, sondern was Lehrern zur Richtschnur dienen soll, um den Weg zur Weisheit, den jedermann gehen soll, gut und kenntlich zu bahnen, und andere vor Irrwegen zu sichern; eine Wissenschaft, deren Aufbewahrerin jederzeit die Philosophie bleiben muss, an deren subtiler Untersuchung das Publikum keinen Anteil, wohl aber an den Lehren zu nehmen hat, die ihm, nach einer solchen Bearbeitung, allererst recht hell einleuchten können.**

Kant verhält sich als Spezialist so wie es Andere in der arbeitsteiligen Gesellschaft auch tun. Im Unterschied zu Anderen muss er aber auch das Ganze im Blick haben. Das Ganze ist die Gesamtheit der Geschichte der Menschen. Kant unternimmt es, dieses Ganze zu begreifen, und findet, dass das »Menschliche« als das »Gedränge von Gründen und Gegengründen« existiert, aus dem »herauszuwickeln« und sich nicht zu »betriegen« gar nicht so einfach ist, denn dies erfordere »einen guten Kopf«.** Dies lässt erkennen, dass Kant unter »menschlich« grundsätzlich die Verstandes- und Vernunfttätigkeit versteht. Mit ihr ist zugleich eine Sittlichkeit gegeben, die er auszuformulieren versucht. Ohne Vernunft

* Immanuel Kant: *Kritik der praktischen Vernunft*, Beschluss, A 292.
** Kant: *Über den Gemeinspruch: Das mag in der Theorie richtig sein, taugt aber nicht für die Praxis*, 1793, A 228.

wären wir zwar Lebewesen, hätten aber nichts Menschliches an uns.

Es scheint, dass der ideale Leser nun seine hinreichend deutlichen Konturen hat. Resümieren wir: Er erwartet für sein Geld auch seinen Spaß, der in jedem widersprüchlichen Verhältnis steckt. Der Leser wird ein anspruchsvoller sein und sich den Philosophen Kant mit seinem System der Sittlichkeit, seinem berühmten kategorischen Imperativ nicht dadurch diskreditieren lassen, dass vielleicht der Nachweis erbracht wird, dass er hier und da gegen seine eigenen Prinzipien verstoßen habe. Der Leser weiß, dass dieses Verfahren etwas Billiges an sich hat. Denn Kant auf das zu reduzieren, was gemeinhin das vertraute »menschliche« Niveau heißt, bedeutet, ihm seine Besonderheit, eben ein herausragender Philosoph zu sein, streitig zu machen.

Wird das von Kant konzipierte Menschliche akzeptiert, hat es Rückwirkungen auf unseren Alltagsbegriff vom Menschlichen. Das in der Praxis Widersprüchliche, Fehlerhafte, Marottenhafte etc. erschiene dann »nur« als das Noch-nicht-Vernünftige. Kants Zeitgenosse und Vordenker Lessing* prägte den Begriff des »Transitorischen«, der den Übergang von einem Status quo zu einem Bild eines künftigen Zustandes bezeichnet. Kant zeichnet ein solches utopische Bild einer besseren Gesellschaft und eines besseren Menschen, an dem der jetzige Mensch gemessen werden soll. Mit anderen Worten: Es ist nicht so sehr von Bedeutung, ob, wie etwa bei Walter Benjamin, Kant sich durch »völlige Naivität in der Betrachtung der Geschlechterbeziehung« auszeichnet oder nicht, bedeutend ist eher, welche Perspektive er der Geschlechterbeziehung als einer auf Vernunft basierenden zuschreibt. Darin liegt Kants besondere Leistung, dass er es unternimmt, diese

* Kants berühmtes »Sapere aude« – »Habe Muth dich deines eigenen Verstandes zu bedienen«, ist von Lessing zuvor unter dem Begriff des »Selbstdenkers« ausgesprochen worden.

Zielvorstellung wissenschaftlich zu erforschen. Nehmen wir antizipierend Kants idealistischen Standpunkt ein, dann erscheint der reale Zustand von Menschen, u. a. auch bezüglich ihrer Geschlechterbeziehung, im Kantischen Sinne als »menschlich«. Eine derartige Auffassung vom »Menschlichen« unterscheidet sich wesentlich von einer vulgärpsychologischen, die sich auf ein Verständnis vom »Menschlichen« kapriziert, welches lediglich vorfindliche Merkmale realer Menschen meint, mithin künftige und wünschenswerte Veränderungen unberücksichtigt lässt und sich an pathologischen Erscheinungsformen delektiert.

Was das »eigentlich Menschliche« der Person Kants – unter diesem »vulgärpsychologischen« Gesichtspunkt betrachtet – betrifft, besteht hier wohl Übereinstimmung zwischen Leser und Schreiber, denn wir hegen keinerlei Illusionen: Wir wissen, dass Charakterzüge von Frauen und Männern nicht naturgegeben, sondern abhängig sind unter anderem von der Zeit und der Kultur, in denen sie entstehen. Das gilt auch für Wissenschaft und Wissenschaftler. Auch Kant teilt viele Vorurteile seiner Zeit. Auch ihm schien es eine unumstößliche Wahrheit zu sein, dass Wissenschaftler männlich* sind und Frauen – sogar entgegen seiner eigenen Aufklärungspropaganda – in den Bereichen Politik und Wissenschaft nichts zu suchen haben. Nichtsdestoweniger erwarten wir von einem überragenden Geist, dass er nicht nur ein abstraktes Wissen um das problematische Verhältnis von Theorie und Praxis besitzt, sondern auch Auskunft darüber zu geben vermag, wie Theorie und Praxis miteinander vermittelt werden können. Dies würde für einen konkreteren Denkprozess nicht zuletzt überzeugende Lösungswege des Geschlechterverhältnisses einschließen. Es kann nicht angehen, Frauen im selben Atemzug als Wesen zu benennen, die vernunftbegabt sind und

* Intelligente Frauen würden nach Kant diesen Wissenschaftsbetrieb stören, da dann zwischen den Geschlechtern ein Konkurrenzverhältnis entstünde – natürlich von den Frauen verursacht!

dennoch von tradierten Männerdomänen ausgeschlossen werden sollen. Es will die Ironie so, dass hier Kant bei der Kant-Kritik behilflich ist: Wir leben zwar in einem »Zeitalter der Aufklärung«, aber bei weitem nicht in einem »aufgeklärten Zeitalter«.*

* *Beantwortung der Frage: Was ist Aufklärung?* A 491.

Anmerkungen von Frédéric Pagès

1 Was seinen Aufenthalt in Argentinien angeht, siehe F. Pagès: *Über ein wenig bekanntes Fragment von J. B. Botul*, Verlag Pluriel, 1998. Zum Leben des Jean-Baptiste Botul siehe die biographischen Anmerkungen im Anhang.

2 Brief vom 1. Mai 1932.

3 Der Botulismus – in seiner philosophischen Bedeutung – hat lange Zeit unter der Homonymie mit dem Botulismus im medizinischen Sinne des Wortes gelitten, einer folgenschweren Vergiftung, die durch die Bakterie *[Clostridium] botulinum* hervorgerufen wird, die vornehmlich in verdorbenen Wurstwaren (lat. *botulus*: Wurst) aus Schweinefleisch vorkommt.

4 Der Verfasser dieses Verses, wahrscheinlich ein südamerikanischer Dichter, konnte nicht ermittelt werden.

5 Im Text französisch »père tranquille« [ruhiger, friedlicher Vater].

6 J. H. L. Meierotto, zitiert nach L. Brunn: *Vie de Meierotto*, Berlin 1802. Man vergleiche ein weiteres Zeugnis von Johann Bernouilli, seinen Auszug des Bandes III aus seinen *Voyages* vom 1. Juli 1778 (Kant war gerade vierundfünfzig Jahre alt): »Dieser berühmte Philosoph ist in Gesellschaft derart lebendig und liebenswert und praktiziert eine dermaßen verfeinerte Lebensart, dass man bei ihm nicht so leicht einen fordernden Geist vermuten würde, den tiefes Nachdenken auszeichnet.«

7 Dieses Gedicht ist in dem Band *Inventaire du fonds Vandeul et inédits de Diderot*, herausgegeben von Herbert Dieckmann, Genf 1951, enthalten [S. 280; Die Übersetzung folgt dem Text von Botul, die minimal von Diderots Text abweicht; d. Übers.].

8 Immanuel Kant: *Correspondance*, S. 35, Gallimard, 1991.

9 Man kann es nur bedauern, dass dieser Brief nicht in der *Correspondance*, die von Gallimard herausgegeben wurde, aufgeführt ist.

10 Der Anachoret ist ein isoliert lebender Einsiedler, der Zenobit lebt als Mönch in einer Gemeinschaft (z. B. eines Klosters).

11 Prokrastination (aus dem Lateinischen *cras*, morgen): faktisch eine Entscheidung auf den kommenden Tag verschieben.

12 Korrekt und ausführlich lautet das Kant-Zitat: »In den Naturanlagen eines organisierten, d. i. zweckmäßig zum Leben eingerichteten Wesens nehmen wir es als Grundsatz an, dass kein Werkzeug zu irgend einem Zwecke in demselben angetroffen werde, als was auch zu demselben das schicklichste und ihm am meisten angemessen ist.« *Grundlegung zur Metaphysik der Sitten*, Erster Abschnitt [BA 4].

13 Im Text auf Französisch.

14 *Kritik der Urteilskraft*, § 5.

15 Kant, *Géographie*, passim, Aubier 1999 [*Immanuel Kants physische Geographie* von Friedrich Theodor Rink herausgegeben; in: Kant's gesammelte Schriften, Berlin und Leipzig 1923, Band IX, 2. Theil, 1. Abschnitt, § 5, S. 318f.; d. Übers.].

15a Ebd. [*Physische Geographie*, op. cit., S. 432; d. Übers.].

16 Die Reihenfolge der Zitate: *Beobachtungen über das Gefühl des Schönen und Erhabenen* (S. 122, 127) und *Anthropologie* (S. 81, 112, 148).

17 Botul erliegt einem geringfügigen Irrtum hinsichtlich des Namens des Verfassers: Es handelt sich hierbei um Musonius Rufus.

18 Aus dem Griechischen *gamos*, Heirat, und der Nachsilbe *phil-*, »der liebt«; wörtlich also »*der die Heirat liebt*«. Dieses Wort findet sich nur bei Botul.

19 Alain ist das Pseudonym von Émile Chartier (1868–1951), der seiner Freundin Monique Morre-Lambelin stets die Heirat verweigerte. Erst im Jahre 1945, im Alter von siebenundsiebzig Jahren, nach Moniques Tod, heiratete er Gabrielle Landormy. Über Lagneau, Alains Lehrer, berichtet ein Zeitzeuge die folgende Vertraulichkeit: »Er hätte es gerne gesehen, dass ein Philosophieprofessor wie ein katholischer Priester unverheiratet bleibt.«

20 Toinette (Antoinette) war Gattin Diderots, Thérèse die Gefährtin Rousseaus, Caroline Medon die Geliebte Schopenhauers, Régine die Verlobte Kierkegaards.

21 1814 schrieb Hegel an einen Freund: »Um ihr eine angemessene Form zu geben, würde ich ein Jahr benötigen, aber ich brauche Geld, um leben zu können.«

22 Verheiratet mit Jenny von Westphalen hatte Marx sieben Kinder und keine geregelten Einkünfte.

23 *Kritik der Urteilskraft*, S. 119 [in der KdU ist das Zitat nicht zu ermitteln; d. Übers.].

24 *Bemerkungen zu den Beobachtungen über das Gefühl des Schönen und Erhabenen.*

25 *To have a bat in the belfr*[e]*y* bedeutet wörtlich »eine Fledermaus im Glockenturm haben«. Statt zu sagen, dass jemand *verrückt* ist, sagt der Franzose auch »eine Spinne im Gebälk haben«.

26 Brief vom 20. August 1777 [*Kant's Briefwechsel*, Berlin und Leipzig 1922, Band I, S. 212; in: *Kant's gesammelte Schriften*, Band X, hg. von der preußischen Akademie der Wissenschaften; d. Übers.].

27 Der *Versuch über die Krankheiten des Kopfes* [A 25; d. Übers.], erschienen 1764, ist 1977 ins Französische übersetzt worden. Der Verlag Garnier-Flammarion hat das Werk 1990 als Taschenbuch herausgebracht.

28 Brief an Moses Mendelssohn vom 18. August 1783 [Briefwechsel, op. cit., S. 344; d. Übers.].

29 [Der transzendentalen Methodenlehre drittes Hauptstück] *Die Architektonik der reinen Vernunft*, S. 576 [KrV B 878f. / A 850f.; d. Übers.].

30 Brief an Charlotte von Knobloch vom 10. August 1763 [Briefwechsel, op. cit., S. 47f.; d. Übers.].

31 Brief an Mendelssohn vom 8. April 1766 [Briefwechsel, op. cit., S. 70; d. Übers.].

32 *Anthropologie*, § 52 [gemeint ist wohl der Katalog § 42ff.: »Von den Schwächen und Krankheiten der Seele in Ansehung ihres Erkenntnisvermögens – A. Allgemeine Einteilung«; BA 124ff.; d. Übers.].

33 Mantra: Eine rituelle buddhistische Formel, die beim Meditieren Anwendung findet.

34 *Kant intim*, S. 47, 73 [vgl.: *Immanuel Kant. Sein Leben in Darstellungen von Zeitgenossen*, hg. von Felix Groß, 1912, Reprograf. Nachdruck Darmstadt 1993; d. Übers.].

35 *Der Streit der Fakultäten*, 3. Abschnitt, Vrin, S. 131 [Der Streit mit der medizinischen Fakultät, Fußnote, A 194f.; d. Übers.].

36 Dieser Abschnitt wurde von Botul in seinem Vortrag ausgelassen [op. cit., A 194; d. Übers.].

37 Botul vereinfacht eine sehr komplexe Technik. Es ist zutreffend, dass Kants Erklärung nicht klar ist: »Wobei aber der durch denselben Reiz erregte flüssige Speichel (saliva) die Wirkung dieses Reizes, nämlich die Ausstoßung der Luft, verhinderte, und ein He-

runterschlucken dieser Feuchtigkeit bewirkte« (*Der Streit der Fakultäten*, S. 131f. [A 195f.; d. Übers.]). Resümieren wir den Gesamtzusammenhang dieses schwierigen Abschnitts, so muss man sagen, dass man, um den Husten zu vertreiben: 1. nicht atmen und auch nicht durch den Mund ausatmen darf; 2. dass man den Speichel sammeln muss; 3. abschließendes Hinunterschlucken.

38 *Die Metaphysik der Sitten*, Zweiter Teil [Metaphysische Anfangsgründe der] Tugendlehre, § 7 [Von der wohllüstigen Selbstschändung, A 77; d. Übers.]. Der französische Übersetzer schreibt *impudence* [Frechheit, Schamlosigkeit] für das deutsche Wort *Unkeuschheit*; die korrekte Übersetzung wäre *impudicité*, das die Bedeutung von Geilheit, Hemmungslosigkeit, Unzucht hat.

39 *Über Pädagogik*, Vrin, S. 48 [A 140].

40 Ebd. [A 141]. In dem Buch *Geschichte einer großen Angst, die Masturbation* (*Les empêcheurs de penser en rond*, 1998) schreiben Jean Stengers und Anne Van Neek, dass im Deutschland des 18. Jahrhunderts »die pädagogische Disziplin bezüglich des Themas der Masturbation ein Höchstmaß an Raffinesse erreichte«.

41 Platon: *Timaios*, 73b [in der Übersetzung von Friedrich D. E. Schleiermacher; d. Übers.].

42 Charles-André Vandermonde: *Dictionnaire portatif de santé* [Taschenlexikon der Gesundheit], 1760, Artikel *tabes dorsalis*: »Die Ursache dieser Krankheit liegt in einer Erschöpfung, die durch exzessive Samenentleerung hervorgerufen wird, wie man sie bei Jungverheirateten feststellt, bei jungen Leuten ausschweifender Lebensart sobald sie die Pubertät erreicht haben und allgemein bei solchen, die von Frauen einen übermäßigen Gebrauch machen.«

43 Augustinus berichtet, dass er zum Christentum bekehrt wurde, als er in einem mailändischen Garten das *Evangelium* las. Rousseau machte die entscheidende Entdeckung für seinen *Diskurs über den Ursprung [und die Grundlagen] der Ungleichheit unter den Menschen*, als er einen Hitzschlag auf der Straße zum Schloss von Vincennes erlitt. Descartes fühlte sich im Verlauf einer Nacht, die er in einem Zimmer in der Umgebung von Ulm zubrachte, zum Philosophen berufen. Nietzsche kam auf den Gedanken der ewigen Wiederkehr, als er sich am Ufer des Sees von Sils-Maria, Graubünden, aufhielt.

44 *Kritik der Urteilskraft*, § 28 [B 104, A 103].

45 *Die fröhliche Wissenschaft*, Vorrede [zur zweiten Auflage, 4; d. Übers.].

46 Ein Wort, das aus *conatus* (»die Anstrengung, in seinem Sein zu verharren«) und *cunnus* (»weibliches Geschlechtsorgan«) zusammengezogen ist. Botul hat diesen Satz während des Vortragens ausgelassen.

47 Anspielung auf das Gedicht von Gérard de Nerval: *El Desdichado*: »Ich bin der Düstere, - der Witwer, - der Untröstbare [...]; Mein einziger *Stern* ist gestorben - und meine *Laute* mit Sternen übersät; herbei mit der schwarzen *Sonne* der *Melancholie*.«

48 E. A. Ch. Wasianski: *Immanuel Kant in seinen letzten Lebensjahren, S.* 70 [in: Felix Groß (Hg.): *Immanuel Kant. Sein Leben*, S. 201].

49 Parodie der berühmten Formel Kants: »Zwei Dinge erfüllen das Gemüt mit immer neuer und zunehmender Bewunderung und Ehrfurcht, je öfter und anhaltender sich das Nachdenken damit beschäftigt: Der bestirnte Himmel über mir, und das moralische Gesetz in mir« (*Kritik der praktischen Vernunft*, Beschluss [A 289]).

50 Diese Zeilen sind Auszüge aus dem Roman *La Nausée* [Der Ekel] von Jean-Paul Sartre, dessen Titel ursprünglich *Melancholia* lautete.

Biographische Anmerkungen

Über das Leben des Jean-Baptiste Botul ist kaum etwas bekannt. Lediglich die Daten seiner Geburt und seines Todes können als gesichert gelten.

1896 Geburt in Lairière (Aude) am 15. August.
1904 Er trifft Baden-Powell.
1914 Um der Einberufung zu entgehen, flüchtet Botul nach Argentinien.
1917 Von der französischen Regierung mit einer Mission auf der Insel Clipperton beauftragt, trifft er in Mexico Zapata und Pancho Villa.
1920 Kurzes Verhältnis mit der Prinzessin Marie Bonaparte.
1930 Korrespondenz von Liebesbriefen mit Lou Andreas-Salomé.
1934 Wahrscheinliches Treffen mit Stefan Zweig.
1938 Konferenz in Pittsburg (USA): »Die Kunst des Streitens«. Treffen mit Malraux, dessen persönlicher Adjutant er wird. Nimmt teil an der Befreiung des Elsass.
1945 Überwirft sich mit Jean Cocteau. Vorträge in Neu-Königsberg. Tod in Lairière am 15. August in einem Zustand völliger Teilnahmslosigkeit.

Gemäß der mündlichen Überlieferung hat Botul keine einzige philosophische Schrift hinterlassen. Überliefert sind nur die Abschriften seiner Vorträge, einige Aphorismen und Tischreden. Die *Freundschaftsgesellschaft von Jean-Baptiste Botul* macht es sich zur Aufgabe, diesen zu Unrecht in Vergessenheit geratenen Philosophen zu rehabilitieren.

Philosophen beschimpfen Philosophen

Die kategorische Impertinenz seit Kant

Herausgegeben von Steffen Dietzsch

135 Seiten. RBL 1542.
DM 16,–. Ab 1.1.2002 € 8,10
ISBN 3-379-01542-3

Insgeheim ist diese Sammlung von Fragmenten eine etwas andere Einführung in die Philosophie. Denn die bösen Enthüllungen über den Beschimpften entstellen auch den Schimpfenden bisweilen bis zur Kenntlichkeit. Das »Pathos der Distanz«, mit dem uns Philosophen gewöhnlich begegnen und mit dem wir uns gewöhnlich auch die Philosophie vom Leibe halten, wird hier unterlaufen – und wir erkennen Philosophen durchaus als unsereins. Und so können wir insgesamt unsere Freude haben an dieser fröhlichen Selbstkritik der philosophierenden Vernunft.
Der Herausgeber – ein nomadisierender Philosoph – hat Textstücke aus den letzten zwei Jahrhunderten versammelt. Wir begegnen vertrauten Bosheiten, aber es werden auch längst verschollene Schlechtigkeiten aus dem Schlaf der Vernunft geschreckt.

»Es ist eine hübsche Blütenlese und recht eigenwillige Einführung in die Philosophie.«

Die Welt

RECLAM
LEIPZIG

Lob der Dummheit

Herausgegeben von Lutz Walther
256 Seiten. RBL 1716.
DM 20,–. Ab 1.1.2002 € 10,10
ISBN 3-379-01716-7

Lutz Walther versammelt originelle philosophische und literarische Kabinettstücke zum Thema: eine Apologie der Dummheit mit Texten von Thomas von Aquin, Erasmus von Rotterdam, André Glucksmann, Jean Paul, Friedrich Nietzsche, Ortega y Gasset, Arthur Schopenhauer und vielen anderen.

»Es gibt genügend Gründe für kluge Köpfe, sich ein paar Gedanken über die Dummheit zu machen, und hier kann die kleine Anthologie von Lutz Walther helfen.«

NDR 3

RECLAM
LEIPZIG

Philosophie der Freundschaft

Herausgegeben von Klaus-Dieter Eichler

255 Seiten. RBL 1669.
DM 24,–. Ab 1.1.2002 € 12,10
ISBN 3-379-01669-1

Heute erscheint Freundschaft als Grundsubstanz einer neuen Kultur der Geselligkeit, die sich gegen die bloß rationalistische Organisation der Gesellschaft wendet.
Von der griechisch-römischen Antike bis in die jüngste Gegenwart reichen die philosophischen Reflexionen zum Thema Freundschaft. Dieses Studienbuch eröffnet einen Einblick in die aktuelle Diskussion und gibt einen Überblick über die Geschichte der »Philosophie der Freundschaft«.

»Laien wie Kenner werden in der Sammlung fündig. (...) Das Reclam-Bändchen ist schmuck und kann nach sorgfältiger Lektüre noch ein Mitbringsel für gute Bekannte werden.«

Der blaue Reiter

RECLAM
LEIPZIG

Frank Schäfer
Lichtenberg-ABC

175 Seiten. RBL 1636.
DM 18,–. Ab 1.1.2002 € 9,10
ISBN 3-379-01636-5

»Experimental-Politik«, »elektrische Figuren«, »animalischer Magnetismus«, »Mondkrater«, »Trinken« und »unzüchtige Literatur« sind einige Schlagworte im Lichtenberg-ABC. Wie hielt der Satiriker, Polemiker und Sudelbuch-Autor es mit der Religion? Und wie mit der Französischen Revolution? Was hat er jahrelang in England gemacht? Gegen wen richten sich seine Satiren und Polemiken? Und warum war Goethe sauer auf ihn? War Lichtenberg ein Hypochonder? Ein Judenfeind? Ein Selbstmord-Kandidat?
Diese und viele weitere drängende Fragen beantwortet dieses Lichtenberg-Kompendium.

»Von Abendmahl bis Zeittafel findet man – auf vergnügliche Weise geschrieben – unter anderem Stichworte über die Zeitgenossen des Universalgelehrten, seine Gewohnheiten und Vorlieben.«

Associated Press

»Es geht in diesem ABC meist zu, wie es bei einem wie Lichtenberg zuzugehen hat: manchmal obszön, stets unterhaltsam – gelehrt, meist witzig.«

Neue Zürcher Zeitung

RECLAM
LEIPZIG

Bernhard H. F. Taureck

Nietzsche-ABC

256 Seiten. RBL 1679.
DM 18,–. Ab 1.1.2002 € 9,10
ISBN 3-379-01679-9

Paul Valéry brachte die Wirkung Nietzsches auf den Punkt: Er sei keine Nahrung, sondern ein Aufputschmittel. Man hat Nietzsche gefeiert, und man hat ihn verboten. Seine Nachwirkungen im 20. Jahrhundert spiegeln seine Widersprüchlichkeit. Nietzsche verlangte die Ausrottung entarteter Menschen und glaubte gleichzeitig an eine harmonische Lebensweltgestaltung der Zukunft. Er äußerte sich pazifistisch und militaristisch. Er wollte Weltbürger sein und wurde im Deutsch-Französischen Krieg 1870/71 von nationalistischen Leidenschaften ergriffen. Er war Philosemit und lastete den Juden die Erfindung der Moral an. Er verkündete für Europa eine ökonomische Globalisierung und wünschte eine kulturelle Mobilmachung der Deutschen. Nietzsche radikalisierte Modernität und Antimodernität in einem Atemzug.

Bernhard H. F. Taureck lehrt Philosophie an der Technischen Universität Braunschweig. Zuletzt erschienen »Nietzsches Alternativen zum Nihilismus« (1991), »Lévinas zur Einführung« (1997), »Michel Foucault« (1997) und »Nietzsche und der Faschismus« (2000).

»Wer Hunger auf Nietzsche hat und einer Orientierung bedarf, ist mit Taurecks Bändchen bestens bedient.«

Salzburger Nachrichten

RECLAM
LEIPZIG